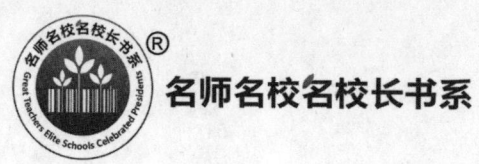
名师名校名校长书系

中小学校园心理危机干预简明实操手册

王新红　娄俊颖 / 著

东北师范大学出版社

长　春

图书在版编目（CIP）数据

中小学校园心理危机干预简明实操手册/王新红，娄俊颖著. — 长春：东北师范大学出版社，2019.1
ISBN 978-7-5681-5427-7

Ⅰ.①中… Ⅱ.①王… ②娄… Ⅲ.①中小学生—心理健康—健康教育—手册 Ⅳ.①G444-62

中国版本图书馆CIP数据核字（2019）第016488号

□策划创意：刘　鹏
□责任编辑：吴建宇　刘贝贝　　□封面设计：姜　龙
□责任校对：刘彦妮　张小娅　　□责任印制：张允豪

东北师范大学出版社出版发行
长春净月经济开发区金宝街118号（邮政编码：130117）
电话：0431-84568033
网址：http：//www.nenup.com
北京言之凿文化发展有限公司设计部制版
廊坊市金朗印刷有限公司印装
廊坊市广阳区廊万路18号（邮编：065000）
2022年6月第1版　2022年6月第1次印刷
幅面尺寸：170mm×240mm　印张：12.25　字数：200千

定价：45.00元

序言

在阳光下健康成长

（代序）

作为王老师的学生，我大抵不是最聪明的一个，但对于人生成长过程中的诸多思考与探索算是不少的一个。引用老师的话来说，本书源于关注一代代学生在成长过程中的心路历程，而我作为众多的学生之一，承蒙老师邀约写一点东西。我就站在青春的尾巴上，说说自己的感受，也许可以给看到这本书的人提供另一种阅读及思考的角度。

初次拜读，我记忆犹新的是书中多次提到"生死"与"自杀"的话题。本书关注的主体是处于青少年时期的在校学生。回想这个时期的自己，正当自我意识觉醒之时，有着充沛的精力、纯真的想法、敏锐的观察力以及无限的希望与想象力，但同时敏感地体会到与人与己相处时出现的微妙不适、矛盾与疑惑，这也是大多数处于青春期的青少年常有的体验和感受，这些单个看起来都是小问题的问题堆积在一起，常使我感到无措与彷徨，却不懂如何消化与排解，只能疲于被各种复杂、纠结的情绪牵绊，像头困兽一样在原地徒劳地挣扎，妄自耗费了所有心神，甚至失去了对"生"的希望，生出"自杀"的想法。

本书是一直在一线从事学生辅导的老师多年来的经验汇聚，书中详尽列示了面对不同的状况，成人及未成年人在不同的角色下可采取的应急措施及重点应关注的问题。书中所述层层深入，抽丝剥茧，分步骤、分级别介绍了不同层面人群的不同介入方法，并配以实例以辅助各位读者模拟在实操过程中会遇到的实际问题及其应对的方法。本书涉及家长、授课老师、辅导老师、学校领导层、涉外专业机构以及受到直接或者间接影响的未成年人在日常生活、工作以及学习中可发挥的具体正向作用及实施的细则，有助于更加有效地调动各方资源，全方位防范上述校园紧急事件的发生。本书亦很好地诠释了"耐心""同理心""尊重""认可""接纳""包容"以及"信任"的核心价值观以及如何通过语言、动作等细节将此核心有效地传达给处于困顿期的学生，从而引导其渡过成长过程中的艰难时期。

"为何而生？为何而死？"这个永恒的话题会出现在人生的各个阶段，并因为每个人所处的状态各异而被赋予不同的意义。人生在世，不论我们有无意识，对所闻、所见、所感的疑惑与矛盾一直都在，但在青少年时期这些际遇会较为难以排解，只因可选择的交流疏导方式有限，其主要体现如下几个层面。

家庭层面：中国家庭在孩子的传统教育中缺乏心理层面的沟通，本应作为"言传身教"起到疏导、引领角色的家长，由于各种原因缺席了孩子的成长；中国人相对保守的处世方式又使得家长们习惯性地回避与孩子深入探讨敏感话题；再加上父母的成长经历亦是如此，即便意识到问题所在，亦不知如何引领。

学校层面：授课老师在繁重的课业压力下难以抽出心力关注学生心理上的细微变化。

交友层面：鉴于学校生活的单一性，相识的朋友大多是同龄的同学或玩伴，人生经历同样不多的孩子面对彼此的困惑，也仅能聊以慰藉。因此，日积月累的困惑、不解、矛盾以及彷徨会让孩子陷入无力的境地独自打转而找不到出口；当此之时，如有一人能伸出援手，无疑会成为一道温柔的光引导着陷入困顿的孩子找到出口，继而循光而出。多年后，面对人际关系中新的疑问与矛盾时，已然成熟的我们已学会先冷静情绪，再通过跟人交流、反省、宣泄及读书等方式找到疑问与矛盾的症结所在，继而理解、接纳使之成为漫长人生的一部分，相信这也是各位老师最期望看到的结果。

再者，对于那些还在成长中的学生们，我想说"敏感"也是一种天赋，这种天赋会使我们在正常的人际关系中，通过敏锐的感知获得比他人更多的信息，同时会带给自身更多的矛盾与困惑，进而影响自己的思绪，这是相辅相成、自然而然的；过多感知的内在堆积如果无法适时排解，会使人处于崩溃的境地，此时学会善用你的天赋，由内向外，多与人交流，你会发现每个人的观点都是观察事物不同的角度，而每个角度之下包含着不同的人生经历，而能够看到并且理解这些是一个自我认知及认知他人的有趣过程，而敏锐的感知在这个过程中必不可少。所以，爱你的天赋，珍惜你的天赋，善用你的天赋，它会带你体验人生更多的层面。

最后，借此机会，感谢在我成长过程中给予指导与关怀的老师。学生辅导工作需要"将心比心"且长期处于高压之中，我作为一个没有相关从业经验的人，在阅读本书的过程中，也明晰地感到压力，因此，各位处于工作一线的辅导老师自身心理的承压状态也是需要被重点关注的，而本书亦从自身从业经验以及专业的角度给予了参考性的建议。当面对一个个鲜活且充满希望的生命，任谁都更愿意看到其开怀的一面，但也正因为有各位老师的用心呵护与专业的引导，这种开怀才得以更好地延续。假定人之寿命有一百年，其中五分之一的时间会在学校中度过，老师在此阶段中扮演着极其重要的角色，老师践行的处世原则潜在地影响着成长期的我们；青少年时期的我们是肆意奔放的，亦是敏感脆弱的，感谢老师的耐心、接纳与包容伴随我们成长。

学生　吕杨舟

2018年6月

进一寸有一寸的欢喜

(自序)

2010年之前,我虽然一直在做心理健康教育方面的工作,但是对校园心理危机预防的意识很淡薄。在参与处理了真实的校园心理危机事件之后,我开始带领年轻的同事从校园心理危机预防的角度,重新梳理学校心理健康教育的系统。我们发现了许多以前被忽视的内容,开始建立学校危机干预体系,培训教师提高其对于预警信息的敏感度,建立朋辈社团并开展生命教育活动,开展亲职教育,拓展青少年积极人际资源。

在这个并不容易的过程中,我们得到了很多人的支持和帮助。尤其是前后两任主管领导——邢向钊副校长和王东文副校长,他们和我们一起面对了很多复杂的情况,协助我们解决了很多具有挑战性的问题。

充满专业力量和智慧的督导老师也给了我们很多指导。康宁医院的胡赤怡副院长和我们讨论一个复杂风险个案的过程至今历历在目,胡老师说的这个"复杂且具有跨时代意义的个案"的当事人最终顺利平安地升学,进入人生的下一阶段。深圳的汤海鹏老师、上海的徐钧老师、北京的杨发辉老师的指导也让我们在处理风险个案时获益良多。

让我们有勇气和力量在这个高压的岗位上坚持了这么多年的更重要的原因是学生。朋辈社团的热情与责任感,让学生群体在校园危机预防中发挥作用这个想法变成了现实,他们在生命教育活动周、日常的学生心理预警工作中都发挥着积极、重要的作用。

还有一群特殊的人,也在支持和帮助着我们,他们是这些年和我们一起工作的个案中的当事人。从失败中看见和学习到的,远比顺利结案的个案更多。

这本书列出了71个和校园心理危机预防及干预有关的问题,这些问题是和深圳同行交流时经常被问到的。2016年,成为心理健康教育全国特色校之后,学校承办了全国首届生命教育论坛，我和娄俊颖老师在论坛上介绍了生命教育及校园危机预防工作的实践历程。那次分享之后，来自全国各地的老师也问了许多"怎么做"的问题。正是因为重复被问及这些问题，让我有意将这些问题梳理一下，分享给更多有需要的一线心理教师及涉及校园危机预防的其他教育工作者。会议结束后，我邀约娄老师一起讨论了这些问题，问题的答案是我们以及同事在实践中失败之后反思、总结和改进的小结。至今我也不敢说我们写的做法就是全对的，是唯一对的，因为真实的情况远比我们想得更复杂。我们的初衷是可以让其他有需要的同行，在工作时有一个方向，而不至于像八年前的我们一样，遇事两眼一抹黑。

"怕什么真理无穷，进一寸有一寸的欢喜。"这些年在实践中遇到困难时，我常用胡适先生的这句话安慰自己。如果这本小书对从事校园心理危机的预防和干预工作的教师有一点具体的帮助，我们会觉得这"一寸的欢喜"已经得到。

王新红

2018年6月

目录

第一部分　关于机制流程建设

建设校园心理危机预防系统的要点包括哪些? …… 2
校园自杀危机预防和干预的常见模式是什么? …… 6
学生适合在三级预防模式中作为重要的角色出现吗? …… 13
生命教育活动是校园自杀、自伤预防的有效方式吗? …… 16
如何建立校园心理危机干预工作小组? …… 18
制订校园自杀、自伤预防及干预流程的要点包含哪些? …… 20

第二部分　关于预警信息

自杀行为预警信息包含哪些? …… 24
如何跟进学校心理健康筛查出的预警学生? …… 27
如何保护反馈预警信息的学生? …… 29

第三部分　关于评估

评估的基本流程是什么? …… 32
通常在多长时间内完成评估? …… 34
评估结果为高风险时，心理老师该怎么做? …… 35
评估结果为中度风险时，心理老师该怎么做? …… 36
评估结果为低度风险时，心理老师该怎么做? …… 37

评估结果无自杀风险，但是有自伤行为，心理老师该怎么做？……………… 38
当家长与心理老师对风险程度的判断不一致时，该怎么办？……………… 41
如何向领导反馈评估结果？………………………………………………… 43
面谈评估过程中需要特别注意哪些问题？………………………………… 45
评估报告应包括哪几方面的内容？………………………………………… 46
评估过程中直接和学生讨论自杀合适吗？………………………………… 47

第四部分　关于保密

校园自杀、自伤干预中的保密原则和保密界限是什么？………………… 50
如何与处于风险中的学生在心理咨询中谈保密例外原则？……………… 52
学生不愿告知监护人有关自己自杀的想法时，该怎么办？……………… 54
让一个暂时只有你知道其处于风险中的学生签署不自杀、不自伤协议，承诺
　　不自杀、不自伤，是必要的吗？…………………………………… 56
当班主任不知道学生有自杀风险时，是否应该告知？…………………… 58
打破保密原则，将有自杀风险的学生信息告知相关人员之前，需做哪些准备？… 60

第五部分　关于具体处理

危机处理的基本流程包括哪些？…………………………………………… 62
量化评分时的常见问题有哪些？…………………………………………… 63
如何与家长沟通关于危机学生的情况？…………………………………… 64
当提出转介建议，但家长拒绝时，该怎么办？…………………………… 65
为什么要针对危机个案召开联席会议？…………………………………… 67
危机个案的联席会议具体如何操作？……………………………………… 68
心理老师如何跟进班主任报告的预警个案？……………………………… 69
如何跟进学生报告的预警个案？…………………………………………… 72

如何跟进学校其他同事报告的预警个案？·· 74
如何跟进家长报告的预警个案？·· 76
如何跟进心理老师咨询中发现的预警个案？······································ 78
如何跟进周记或者绘画中展示出的预警信息？··································· 80
作弊学生是预警学生，该怎么办？·· 82
有人匿名在学校网络平台发布求助信息，该怎么做？·························· 85
当预警学生的父母对预警信息不重视或者很回避时，该怎么做？·········· 87
班主任在跟进预警学生时需遵循什么基本原则？································ 88
如果你是学科教师，可为预警学生提供怎样的支持？························· 90
如果你是生活老师，可为预警学生提供怎样的支持？························· 92
如果你是心理老师，可为预警学生提供怎样的支持？························· 93
预警学生是住宿生时，该怎么做？·· 95
当一名住宿生被评估为高风险，且主要影响因素是亲子关系时，该怎么办？··· 96
如何回应有自杀想法的学生？··· 97
危机学生在咨询中，讲述了学校其他老师有违背职业道德的行为时，该怎么办？··· 99
已有明确预警信息，但学生本人否认自己的真实想法，该怎么做？········ 101
评估风险高的学生，监护人也认可学生处在风险中，但无力提供支持其改善的资源，该怎么做？·· 103
心理老师需要和有自杀风险的学生建立心理咨询关系吗？··················· 105
当危机学生的父母提出由学校提供心理咨询服务时，该怎么做？·········· 106
心理教师需要对有自杀、自伤风险的学生提供随访服务吗？················ 108
对危机学生进行转介时，心理老师可以做什么？不可以做什么？·········· 109
如果心理老师与其他老师的判断不一致，该怎么办？························· 111
当专业医院的医学诊断与心理老师的判断不一致时，该怎么做？·········· 112
当家长或学生担忧治疗抑郁的药物有副作用时，心理教师该怎么做？···· 113
校园危机事件发生后，如果你是教师可以做什么？···························· 114
如果你是心理教师，校园危机事件发生后，你应该做什么？················ 116
校园自杀事件发生后，学生的常见反应有哪些？······························· 117

校园自杀事件发生后，教师如何应对学生的常见反应？ ………… 118
校园自杀事件发生后，学校如何告知全体家长？ ……………… 119
校园自杀事件发生后，班主任如何应对家长的常见问题？ …… 120
校园自杀事件发生后，特别班级集会的基本流程是什么？ …… 121
校园自杀事件发生后，作为心理教师，如何处理自己的情绪感受？ …… 123
学生在家自杀，学校可以做什么？ ……………………………… 124
自杀事件发生后，在警察到来之前学校如何进行现场处置？ … 126
学生因心理原因休学，学校需要在其返校前做支持性评估吗？ … 127
自杀未遂的学生回到学校，教师应该做什么？ ………………… 128
休学是解决心理问题和预防校园自杀危机的一种办法吗？. …… 130

附 录

附录1：广东省教育厅关于中小学专职心理教师专业要求与工作职责指引 … 132
附录2：广东省教育厅关于中小学心理健康教育工作规范指引 …………… 133
附录3：广东省教育厅关于中小学心理健康教育活动课内容指南 ………… 137
附录4：《深圳市学校安全管理条例》实施细则 …………………………… 146
附录5：自杀风险评估表（参照北京大学心理咨询中心徐凯文版撰写）… 156
附录6：学生评估面谈指引 …………………………………………………… 157
附录7：关于××同学情况的家长告知书 …………………………………… 158
附录8：致班主任的一封信 …………………………………………………… 159
附录9：某重点中学心理危机个案成因分析及缓释对策思考 ……………… 161
附录10：高中学校生命教育方案——以深圳中学为例 …………………… 166
附录11：深圳中学2017—2018第一学年宿舍文化计划 …………………… 173

后 记 …………………………………………………………………………… 181

第一部分
关于机制流程建设

建设校园心理危机预防系统的要点包括哪些？

2018年1月18日17时50分左右，合浦县公馆中学综合教学楼发生一起学生跳楼事件。120医务人员及时赶到并实施抢救，但跳楼学生已无生命体征。经公安机关调查，证实其系跳楼自杀。死亡学生自杀前交有书信（遗书）给同学并叮嘱其晚些再看，事件发生后同学才知道信的内容。（来源：合浦县教育局官网新闻公告）

近些年，校园危机事件常见于报端，引起全社会的广泛关注。减少校园危机事件的发生是一项综合性工作，其中重要的一项工作是学校建立的、适用于本校的心理危机预防及干预体系。

建设校园心理危机预防系统时应重点考虑以下几点：

一、预防对象的全员性

预防对象不仅包括全体学生，还包括校园内其他各类岗位的成人。

学校的心理危机预防及干预系统首先是以全体学生为对象，根据他们在不同阶段的心理发展特点和需求，提供以提高心理健康水平为目的的各类活动或者课程，普及心理健康知识，让学生学会自我调节，增强心理韧性，及时消除困扰，顺利渡过成长中的危机阶段。在初级预防系统中无法解决困扰的学生，根据问题程度的不同，学校可以提供有针对性的团体辅导和个体辅导，特别严重的则实行转介。

近些年，由于各种因素导致教师群体出现的恶性心理危机事件也较多，教师自身的心理健康问题理应受到重视。学校在进行校园心理危机预防系统的设计时，要充分考虑教师所承受的职业压力，特别是新入职的青年教师，他们同学生一样面临着新环境的适应和挑战。可以设计形式丰富的、面向全体教师的减压活动，增强对新入职教师的人文关怀，提供心理保健等面授培训。例如，广东省实施的心理健康教育A、B、C证培训，一方面可以让教师把学习到的心理健康的技巧用于班级管理，一方面也把学习到的心理健康知识用于自身的心理保健。

二、实施主体的多元性

传统的校园心理危机预防的实施主体多数为心理老师，在没有心理老师的学校，大多由班主任或者负责德育工作的教师负责。近些年，随着学生的心理危机发展日趋复杂和严重，需要学校内更多的教育主体参与其中，相互合作，才能更好地发挥预防的作用。

目前，香港地区学校危机预防参与的人员主要包括：负责学校统筹整体安全工作的领导、教职员联络人、家长联络人、社区联络人、学校社工、辅导教师、教育心理及危机干预方面的专家等。江浙地区的学校危机干预三级预防体系则主要包括分管校长、学生处、德育处、校团委、班主任、任课教师及心理健康教育教师等。学校全员参与预防的模式，充分发挥学校的主导作用。深圳中学的校园危机三级预防体系分为学校层面、教师层面和学生层面，这是国内比较早的将学生作为参与预防的主体纳入预防体系的学校。经过近7年的实践证明，学校全员参与预防的模式在及早发现危机进行干预最关键的环节作用明显，承担危机预防任务的朋辈社团经过培训后，发挥了非常重要的作用，学校接到报告且被评估为中、高度风险个案中有30%~40%由社团成员报告。

三、干预流程的系统性

心理危机有其发生发展的过程，在演变为可能的心理极端事件过程中，危机个体在情绪、认知、行为上会产生一系列的较为明显的变化。心理危机是可以被识别并预防的。如何快速地识别并及时干预危机个体，这有赖于建立系统的危机干预流程。流程的系统性体现在有结构完整的组织保障、明确的干预主体、清晰的岗位职责、实操性强的流转过程、专业的评估机构或人员、可以提供支援的社会资源等。

深圳中学学生心理危机风险个案处理工作流程，见下图：

深圳中学学生心理危机风险个案处理工作流程
（教师版）

一、危机处理流程

二、辅导教师需要做的

三、班主任需要做的

四、学校其他人员需要做的

五、家长告知书样本

六、危机风险评估表及结构性问题

七、不伤害协议的主要内容

八、ICD-10中十一类精神和行为障碍

四、预防形式的丰富性

预防分为普及性预防和目的性预防。

以学生为对象的校园普及性预防主要是依托学校内部组织的各种活动。活动的形式越丰富，学生的多元需要被满足的可能性就越大，参与活动的学生也就越多，活动想要达到的目的也就越容易实现。作为普及性预防的学生活动，多数围绕生命教育主题展开，以培养学生的健全人格和增强心理韧性为目的。目前，深圳市内的学校举办的主要活动内容包括举办主题班会、学生社团活动、创意比赛、心理剧展演及亲子沟通活动。

目的性预防的形式主要针对风险个案的处理。针对个别高风险学生所需，可以在班级内提供相应的人际支持，学校可以有针对性地提供具有弹性和适切性的教育环境，同时配合个体辅导或者同质性的团体辅导。针对教师群体，可以通过讲座和培训的方式提高教职员工的风险意识，明确各人在预防中的职责，为他们提供有关心理危机预防的系列讲座或实务培训。讲座内容可以重点集中在学生不同适应阶段的心理特点及行为表现、容易产生危机的学生的心理特点及行为表现等有关学生特质的解读方面，可以帮助教职员工更好地理解学生行为背后的原因。培训则重点可以放在有关预警信号识别、干预流程、基本技巧等方面。

五、体系设计的校本化

每所学校都有各自的特色校园文化,学生来源也不同。因此在设计校园心理危机预防系统时,要遵守校本化的原则,立足对本校学生群体特质的研究,包括生源、家庭背景、过往的成长经历,结合学校的办学定位、理念、内部的组织结构特点、可以调动的资源情况等,制订出来的预防和干预体系才更具有实操性,落实到日常教育教学活动时,才更具有实效性。可参考附录9:某重点中学心理危机个案成因分析及缓释对策思考。

校园自杀危机预防和干预的常见模式是什么？

一、香港的模式可以概括为三层支援和分层介入

三层支援模式主要目的是完成及早识别和评估。

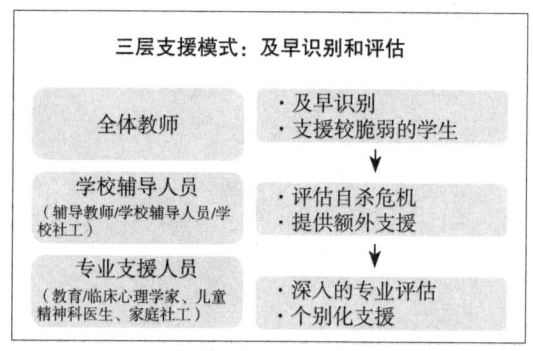

三层支援模式具体指：

第一层支援主要由全体教师及早识别较脆弱学生，并通过其教学、辅导和活动安排，加强对这些学生的支援。此层级的目标是全面了解学生的背景，提供资料让教师能按较脆弱学生的需要设计教学内容，确定辅导和支援的安排，如设计教学活动增强学生的应变能力、推动朋辈辅导和加强家长对较脆弱学生的支援等。

如在此层级学生未能获得改善或仍有危机风险，则需转介给学校辅导人员。

第二层支援的对象为小部分有危机而被转介给学校辅导人员的学生，主要会由辅导人员（辅导教师、学生辅导人员、学校社工）做出危机评估并提供额外支援服务，如个别的小组辅导。此层级的目标是评估自杀危机的严重性和核实需要关注的问题，确定额外支援的重点。

如在此层级学生未能获得改善或仍有危机风险，则需转介给专责的专业支援人员（如心理学家、精神科医生、家庭社工等）。

第三层支援针对高危个案，由专责的专业支援人员（教育、临床心理学家，儿童精神科医生，家庭社工等）提供深入地专业评估和个别化支援。

此层级的目标是进行深入评估及提供专业诊断，确定个别化支援的方向和重点。

分层介入具体指下图中的三层支援模式：

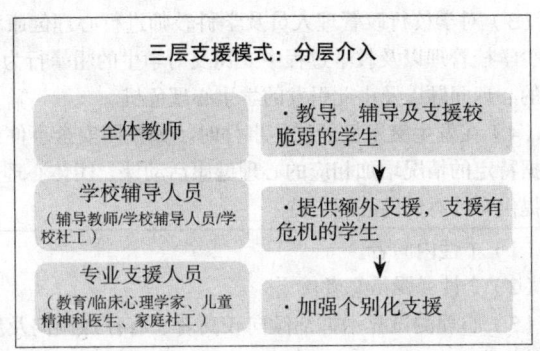

第一层由全体教师通过教导、辅导的方式支援较脆弱学生。目标是加强较脆弱学生的"保护因素"。

第二层提供额外支援，支援有危机的学生。目标是减少自杀的危机，推动有关人员协助加强对有危机的学生的保护。

第三层个别化支援，支援高危的学生。目标是加强个别化支援，包括服用药物，提供多界别专业支援。

二、浙江省中小学生三级心理危机预警与干预模式（浙江省中小学心理健康教育指导中心办公室）

| 心理危机的一级预警与干预 | 一级预警（在特定的时间点预警） | （1）近期家庭或学校生活中出现重大变故（亲人死亡、父母离异、父母下岗、家庭暴力等）。
（2）与同学、教师、父母等发生严重人际矛盾甚至肢体冲突。
（3）从外地（校）转学、因病住院或休学后复学、各学期开学或结束。
（4）重大考试或事件（比赛、竞赛、评比等）出现严重失败。
（5）遭遇突发性创伤或刺激（如性伤害、意外怀孕、自然灾害、校园暴力、车祸等）。
（6）身边学生出现恶性危机事件（如自杀） |

续 表

心理危机的一级预警与干预	一级干预（面向全体学生，预防性）	（1）开设系列化的心理健康教育活动、团体心理辅导活动以及心理讲座、心理宣传与展览等，帮助学生了解特定事件发生时（如家庭变故或个人成长变故等）的心理冲突以及恢复心理平衡的方法。 （2）培训班主任和团队干部，帮助其掌握一定的心理健康知识以及心理危机的识别技巧，使他们能够注意到特定时间点的学生心理危机，并能为学生提供及时的心理支持，向他们表示关心与支持。 （3）对学校行政管理人员及学科教师进行心理健康教育知识培训，减少学校管理以及教学过程中处罚及对学生的粗暴行为，减少"师源性"的心理问题以及由此引发的学生心理危机。 （4）在发生突发性的群体事件时（如校园安全事件或自杀事件），根据特定的情况增加相应的心理健康活动课、团体心理辅导活动，为学生提供有针对性的心理支持
心理危机的二级预警与干预	二级预警（对特定对象预警）	（1）个性内向者。 （2）个性暴躁易怒者。 （3）心理测试显示抑郁倾向较高者、有狂躁倾向及反社会型边缘人格特点者。 （4）患有心理障碍且出现心理或行为异常者（如患有抑郁症、恐惧症、强迫症、焦虑症等心理障碍的学生）
	二级预防（以特定学生为对象，预警性干预）	（1）定期进行心理健康状况监测，建立学生心理档案，在发生特定事件后重点关注情绪和行为异常的学生。 （2）通过心理健康状况筛查把有心理障碍和精神分裂症倾向及自杀倾向的学生归入学生心理危机预警库，作为心理危机预警的对象进行重点预防与监护。 （3）设置学校心理辅导室，配备学校心理健康教育专业教师，为存在潜在心理危机的学生提供心理辅导。 （4）对特定学生进行有针对性的团体辅导，帮助特定学生掌握一定的心理技能，调整认知，学会自我控制情绪
心理危机的三级预警与干预	三级预警（在出现特定信号时预警）	（1）强烈的情绪反应：当事人产生高度的焦虑、紧张、丧失感、空虚感，且伴随恐惧、愤怒、罪恶、烦恼、羞愧等。 （2）认知的改变：身心沉浸于悲痛之中，导致记忆和知觉的改变，认为自己所面临的困境（事实上或想象中的）是无法逃避的、无法忍受的、无法改变的。 （3）行为的异常：不能专心学习、工作或劳动，行为和思维情感不一致，出现了过去没有的非典型行为，如内向的突然变得外向，外向的突然变得内向或更加封闭沉默；作文或作业中常常谈及与死相关的话题或表达生活无意义感；有暗自流泪或与其他人告别的言行等；不明原因突然给同学、朋友或家人送礼物、请客、赔礼道歉、述说告别等。 （4）有明显的躯体反应：出现失眠、头晕、食欲不振、胃部不适等现象

续表

心理危机的三级预警与干预	三级干预（处于高危的学生或发生心理危机的学生）	（1）设立班级心理委员，建立学生心理健康汇报制度。 （2）设立心理危机救助热线电话。 （3）建立校内心理危机干预小组。 （4）建立校外心理危机支持团队

三、深圳中学校园心理危机三级预防模式

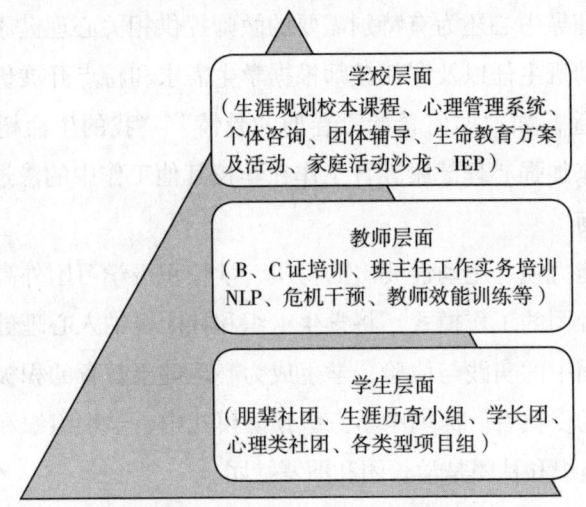

深圳中学校园心理危机三级预防模式包括：学校、教师、学生三个层面。

1. 学校层面

以积极心理学为理论基础，进行生涯规划的顶层设计，构建立体化的生涯规划模式、全员性的心理管理系统跟踪、丰富的生命教育活动、特殊学生的IEP计划等形式，分层分类面向学生全体、团体、个体提供成长支持，增强学生的心理韧性，塑造学生的积极心理品质。已开展的立体化生涯课程包括高一生涯规划必修课程、高二个性化的生涯规划选修课程、内外链接的生涯实践课程、纵横交错的朋辈成长小组活动课程、全员的生涯历奇培训课程。每学年开学初，学生辅导中心会利用学校心理管理系统对所有高一学生进行心理健康测试，针对有预警信号的学生进行有针对性的个体干预。针对日常发现的少部分有严重心理问题的学生，学校制定了规范的危机预防流程，并在全校范围内对

所有教师进行了危机预防流程的学习和培训，明确了全校不同角色教师在危机预防和处理工作中的职责。心理教师会对危机学生的评估、整个处理流程、后续的跟踪、辅导效果以及最终的总结报告等进行详细的记录，并进行及时归档。

2. 教师层面

学校通过广东省心理健康教育B、C证培训，班主任教育管理实务技巧培训及青年教师入职培训等，提高教师危机预防意识，了解危机发生的基本知识，学习干预技巧，为学生在不同发展阶段提供支持的同时，也提升教师的心理健康水平。学生辅导中心还为有特别需要的教师提供相关心理健康教育资料以及活动方案，协助班主任以及课任教师根据学生需求和特点开展班会课或者其他相应主题的课程，如"如何看待青春期的爱情""我的生命树"等，通过交流和课堂实践来加强心理健康教育工作在学校其他工作中的渗透与普及。

3. 学生层面

结合学生能力强、主动性突出的特质，学校积极学习国外高中以及国内大学等心理助人社团的工作模式，将学生组织和社团也纳入心理健康教育工作。通过在这些社团中的实践与体验，学生成为心理健康教育的积极推广者，也是心理健康教育的受益者。深圳中学三级预防模式中，学生组织和社团居于基础层级，主要的组织和社团是学长团和朋辈社团。

案例　学长团

2004年，深圳中学学生辅导中心成立了内地最早的学长团，在高二招募优秀学生，经过团建培训后，让这些优秀学长在军训、入学教育、生涯教育、学生成长交流营等重要的学生教育活动中承担重要的任务，利用青少年的同伴影响和年龄资源差异，与深圳中学的低年级学生建立跨年级连接，在深圳中学学生之间实现纵向的情感连接，完成生涯经验的传输。生涯小组课程的带领者就是学长团成员。这个变化将之前学长和低一届的学生之间相对松散的联系变得更为紧密，为新生提供了更贴近他们需要的指导与帮助。而在带组的过程中，学长团成员关注自己学业与生活的意识，以及各种核心能力，也得到了进一步的锻炼与提高。学长团在深圳中学具有教师所不可替代的影响力，他们所做的工作，为新生适应深圳中学，学会选择、规划生涯，提供了情感与经验支持。

四、引入社会专业资源的校园心理危机预防及干预模式

一些新成立的学校或者心理教师资源不足的学校，在实践中会引入社会资源和校内资源共同建设学校的校园心理危机干预系统。一方面，社会专业资源引入可以弥补学校本身专业资源的不足，另一方面，在学校、家庭中引入专业的第三方，有利于构建更稳固的三角合作关系，调和学校之间因边界、责任可能引发的矛盾，更有利于加强各方合作。

深圳龙华某小学就与深圳教育机构"如是新"合作，实施了具有校本特色的朋辈心理危机干预项目。该项目针对学校班级已经出现情绪障碍、社会交往障碍等特殊表现的学生开展工作，包括横向干预和纵向干预，连接朋辈、家庭、学校、医院、专业及社区资源，共同应对青少年的心理危机。

案例　朋辈心理危机干预模式

"校本心理危机干预系统"横向干预模式，连接对危机青少年有重要影响的朋辈群体、家长群体、教师群体、校内外等资源，针对各个阶段的学生群体，以团体辅导课程、专题教育讲座、个别咨询等多元化工作方式开展危机干预工作，提高学生的心理危机应对能力，促进家长对孩子教育的认知改变，提高教师的问题分析能力，促成"家-校-专"三方合作，共同应对青少年心理危机。

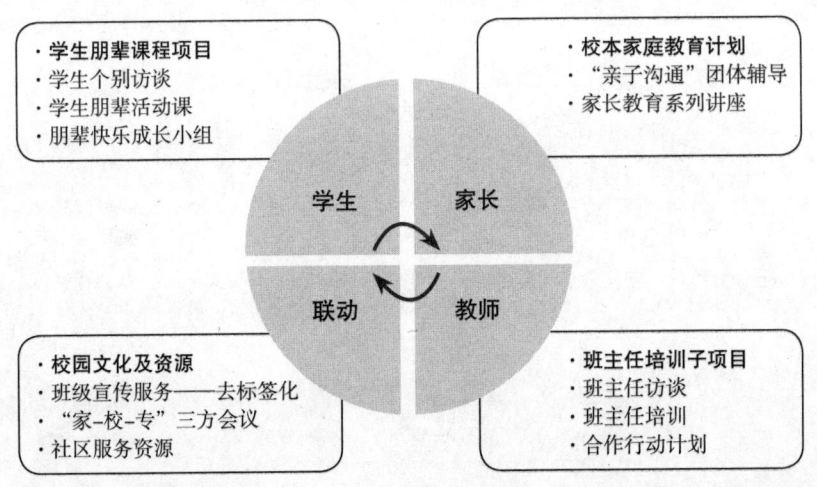

朋辈心理危机干预系统根据干预对象的危机程度进行三级预防及干预系统构建。

第一层级：个案评估访谈。针对学校反馈的所有危机学生进行危机个案的评估访谈，出具个人评估报告。没有危机的学生，与班主任、家长访谈，给予专业改善建议；筛选出危机学生进行第二层级或第三层级的跟进。

第二层级：朋辈小组课程。处于一般心理危机程度的学生进入朋辈小组课程，通过朋辈课程来提升学生应对危机的能力。

第三层级：危机个案辅导。对于高危危机学生首先进行三方会谈，明确各方的职责及达成一致的学生干预方向，连接"学校-医院-家庭-专业"四方资源进行危机个案的持续辅导和跟进。

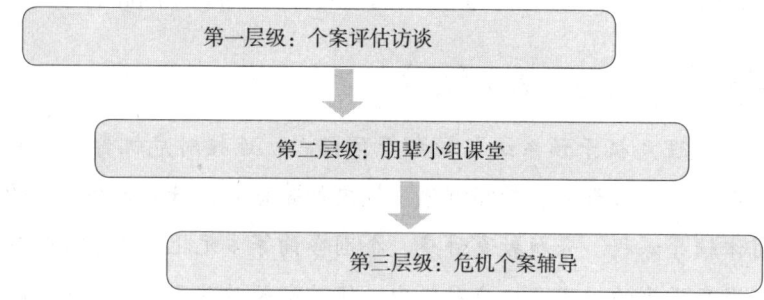

学生适合在三级预防模式中作为重要的角色出现吗?

经过多年的实践,传统的以成人为主导的心理预防模式并不能很好地解决学生的心理危机问题。通过与学生的访谈了解到,对学生影响最有效的是他们的同龄人,而不是老师和父母。

青少年在一周中的大部分时间(在校和课余)是与同伴在一起,同伴是青少年在家庭和成人社会角色之间重要的桥梁。有研究表明,青少年对朋友的自我表露呈稳定增长趋势,通过与各种各样的同伴互动,青少年在更大范围表露想法和价值观,从而形成亲密的朋辈关系。亲密的朋辈关系于青少年的重要影响有以下几点:

(1)可以提供情感上的关心和同一性发展的示范。

(2)可以更好地促进积极自我概念的形成,朋友之间开放诚实的交流,容易使彼此的观点相互被接受。

(3)可以帮助青少年应对压力。因为具有支持性和亲社会的朋辈关系可以增强他们对别人的敏感和关心,促进共情、同情心和亲社会行为,进而使其心理健康发展。同伴关系之于青春期学生发展的影响,是将学生作为重要角色引入学校危机预防模式的重要依据。

如果能让学生实现相互的积极影响和相互支持,小的困扰可以在学生层面就得到解决,而大的问题也会多一个渠道更快地反馈到教师或学校层面。在初级预防中,学校可以通过社团招聘、定期培训,为学生相互影响和支持创造平台和机会。朋辈团体,基于对同龄人的心理了解、喜好的掌握,设计更多的生命教育主题活动,让活动的效果和影响最大化;而对于重点预防的对象,可以发挥学生的力量,提供即时的人际支持和关注,降低危机可能发生的概率,从而在有效预防危机中发挥重要作用。

> **案例** 朋辈社团

如果青少年之间能够建立更具支持性的关系,不仅可以大幅降低心理危机事件发生的几率,还能帮助一些在中学阶段出现发展性问题的学生。对于心理健康水平处于平均水平的学生而言,朋辈支持在积极心理品质的培养与建设方面,也具有明显作用。

深圳中学自2010年成立朋辈社团,深圳中学的朋辈社团,是一个在校园内外协助同龄人发展支持性关系的专业社团。这个社团是基于青春期"同伴影响同伴"的理念成立的。学校为朋辈社团的学生提供团建培训,以及基本专业技能的培训。朋辈社团的目的是普及心理健康知识、推动青少年生命教育、预防校内危机事件、开展青少年公益活动。朋辈辅导员的日常工作主要是在班级内,为有需要的学生提供心理陪伴和支持,并及时反馈危机信息;他们每年都在学校开展生命教育系列活动,目前已完成的主题包括:"不是没有美""世界和我爱着你""接纳完整的自己""和自己谈一场恋爱""不愿让你一个人"。通过开展给高三学姐学长送祝福、全校大拼图等活动,在深圳中学学生中倡导积极视角、创造积极关系,使学生学会悦纳自己,珍惜美好生命。朋辈社团的学生每年都会创造出新的活动形式,保证活动的意义与趣味并行,每年全校有上千人参与整个活动周,体会深中人之间相互的支持与关爱。朋辈社团的学生还在学校进行特定主题的小组辅导,为有人际关系困扰或自信心不足的学生提供陪伴、支持以及可能的解决方案。

朋辈社团的成员,以自愿报名,经过选拔的方式产生,通常是高一、高二的学生。学生辅导中心为朋辈社团的学生提供相关培训,包括辅导基本技能及活动实施的初阶、进阶培训。这些培训为朋辈社团的专业化发展提供了基础,保护了朋辈社团成员和接受服务的学生的共同利益。

朋辈社团下设四个部门,分别为辅导部、公关部、设计部和活动部。

1. 辅导部主要职责

(1)负责朋辈社团公众号"深中朋辈"的运营,运营内容包括:心理科普类文章推送;对当前热点事件的心理学解读;心理危机干预专栏;朋辈活动介绍。

(2)负责组织安排朋辈社团的成员参加由深圳中学学生辅导中心组织开展

的心理辅导课程。

（3）为学校相关人员提供相应的培训。

2. 公关部主要职责

（1）主要负责扩大朋辈社团的影响力，传播朋辈文化和理念。

（2）与校内外其他相关社团及学生组织进行外联、交涉及合作。

（3）负责朋辈社团成员的学时申请工作。

（4）根据朋辈活动需要，负责与校外组织机构或企业交涉，以获取活动赞助。

3. 设计部主要职责

（1）主要负责朋辈社团活动的设计工作。

（2）给朋辈社团成员提供与设计相关的培训。

（3）负责朋辈社团期刊的编写、制作工作。

4. 活动部主要职责

（1）负责朋辈社团各项活动的方案策划。

（2）培训并指导本部门成员撰写活动策划案。

（3）当其他部门的成员有需要时，也应当对其做出相应的培训指导。

（4）构思朋辈社团的各项活动框架，提出大致的活动方向和方案。

朋辈社团的心理调研工作：调研内容应根据生涯规划课相关主题而定。

朋辈社团的工作也支持项目制，任何成员都可以在调研学生需求的基础上成立项目组，策划实施有助于学生开展心理健康的活动。朋辈社团依托公益项目"留守青少年互助计划"，协助校外青少年建设与发展，并给予支持。因为有着完善的体系架构、专业的培训课程以及依托丰富的活动，朋辈支持概念在学生中深入人心，每年深圳中学所获得的预警信息很多是来自于朋辈学生的反馈，他们接受过专门的培训，又具有同龄人易于沟通的优势，往往会先于成人更早地发现危机的信号。

生命教育活动是校园自杀、自伤预防的有效方式吗？

大多数青少年都能顺利渡过青春期，但也有青少年在成长中会遇到严重的心理问题。这些严重的问题很少孤立地产生，大多数是相互联系的。如无助感和无意义感是遇到成长问题的青少年特别典型的心理特征，如果这种无助感和无意义感在成长环境中没有被发现就不会及时得到改善，一般的暂时的情绪困扰发展成较为严重的情绪问题的可能性就会增加，而中、重度的抑郁症常常伴有自杀意念，这种念头反复出现，如果不及时干预，就会转化为自杀行为。因此，预防校园自杀、自伤事件应该具有系统的视角，为青少年提供各种增加意义感、减少无助感的体验机会，创造他们和人、事之间的链接。人际之间的积极链接可以提供相互支持，而做具有利他性质的事情，则可以增强其存在的意义感。生命教育系列活动恰好可以提供这种链接的途径，通过系列有组织、有设计的主题活动，提供多元的宣泄不良情绪的途径，增进朋辈之间的相互了解和支持，提升幸福感，这有利于培养学生积极的心理品质。

以深圳中学为例，由朋辈社团学生为实施主体的生命教育周活动，每年利用1周的时间开展系列生命教育活动，从2011年"不是没有美"的主题活动到2017年"我想对你说"的主题活动，历时六年，学生设计的活动形式越来越丰富，参与的学生数量也越来越多。生命教育活动周中，学生与学生之间、学生与老师之间、学生与家长之间借助主题活动，表达和沟通，传递温暖与支持。在活动中激发和生成的积极体验和情感，不会随着活动结束而消失，而是继续延续到校园生活的日常中，成为学生不断前行、克服挫折的力量。就像有的同学在参加活动后所说的那样：

"漂流卡活动是一个十分有趣的活动，当你心情低落的时候，它为你送来最温馨的关怀；当你感到前途渺茫的时候，它为你照亮前方的路；在你开心的时候，它与你一同分享这快乐的时光。尽管你不知道卡的那头是谁，他也不知道你是谁，但我们总会把自己最最真诚的祝福送给他们。这些祝福会随着这小小的卡片一路漂流，温暖一个又一个的心灵。

　　收到这样的卡片，不知它来自何方，也不知它要到哪去。寄托着作者的祝福，虽短，却包含很多，有人在上面留下了自己最美好的祝福，怀着忐忑的心情寄出，希望它能够承载着我们的心情，给更多人带去温暖。也有人写了自己的座右铭，希望它能够激励更多的人为自己的目标奋斗，在以后的道路上乘风破浪，勇往直前。漂流卡可以让自己在紧张的学习生活中放松自己，希望大家都能让自己的心情随着漂流卡飘到未知的角落。"

如何建立校园心理危机干预工作小组？

校园心理危机干预工作小组的主要任务是，当在学校管理范围内发生重大恶性事件（如灾难性事故、校园暴力、自杀、自残等）时，学校心理危机干预工作小组要及时、有效地对事件当事人或人群进行心理干预，为相关的学生或老师及家长提供心理援助和心理辅导。

每个学校的内部组织架构不同，校园危机干预工作小组的组成人员也有差异。

总体上来说，一个科学有效的干预团队包括领导指挥成员、专业干预人员、协助处置人员。其中，领导指挥人员一般由学校的校长和分管校长组成，作为领导小组，主要责任是调动校园内外的资源，代表学校做出符合规定的承诺或声明；针对当事人的实际情况，对于学校的一些规定做出有弹性的调整。而专业干预人员一般由学校专职心理教师，受过心理培训、取得心理健康教育教师上岗资格证的其他教师组成，他们对于危机的情况有相对专业的评估和处置能力，主要负责对危机进行评估、进行心理危机干预、提供心理援助和心理疏导。协助处置人员可以由接受过心理健康培训的班主任、学校德育工作者、骨干教师、学生心理委员或朋辈社团学生、宿舍生活老师等组成，主要负责提供与当事人或人群有关的信息、干预过程中需要的资料，必要时可以为事件当事人、事件外围的人或人群提供适当的心理援助和支持，在各自岗位上提供适当的配合。

案例1　某校学生心理危机干预工作小组

主要职责：构建危机干预与预防体系；制订危机处理流程；明确危机处置岗位职责；建设危机解除后的支持系统：IEP（随访、角色间的合作、转介、有限责任、评估、适当的教育环境）。

领导小组由校长任组长，副校长任副组长，成员由学生处、安全处、学生辅导中心、体系负责人、班主任构成。

成员如下：

组长：朱校长

副组长：王副校长

组员：陈主任（安全主任）、王主任（学生处主任）、郭主任（辅导主任）、体系负责人、当班班主任、当班心理老师

案例2 某校学生心理危机干预工作小组

学生心理危机干预小组的职责是：全面规划和领导学校学生心理危机干预工作，督促有关部门认真履行危机干预工作的职责，为重大危机事件的处理做出决策。

领导小组由校长任组长，副校长任副组长，成员由德育处、教学处、安全办、团委、大队辅导员、各年级办公室、医务室、心理咨询室等单位负责人担任。

成员如下：

组长：黄校长

副组长：吴副校长

组员：廖老师、贺老师、高老师、许老师、李老师、张老师、陈老师、邓老师、黎老师、邱老师、王老师

制订校园自杀、自伤预防及干预流程的要点包含哪些？

学校心理危机干预要达到启动速度快、及时、高效的效果，要求有简明清晰的危机干预流程。校园自杀、自伤干预流程包含如下要点：

一、清晰的岗位职责

这是在制订具体干预流程之前需要重点明确的，它涉及干预流程的落实。岗位职责规定了各个角色在发现危机、处理危机及危机解除阶段的工作内容，包括：领导小组做什么？心理老师做什么？班主任做什么？其他学校工作人员做什么？等等。

案例 危机发生后，辅导中心老师要做的主要工作

1. 辅导中心老师进行面谈评估该生的风险性，填写评估表格，记录咨询内容。风险评估表参照危机评估表格。

2. 如该生出现有伤害自己或者他人的想法，应告知学生保密例外原则。

3. 联系班主任，告知该学生的状况，并获取更多该生的信息，并为班主任做好班级层面的防护工作提供必要的建议。

4. 联系家长，告知该生的状况，并获得更多该学生的信息，家长需要做好监护工作，如果出现有国际疾病分类ICD-10所属的精神和行为障碍的十一类状况，需要家长带其到专科医院就医，并提供就医记录和诊断报告。

5. 辅导中心老师要将评估和咨询记录总结报告呈给学生处主任、学校安全主任及主管学生工作的副校长。

（注：上述1、2、3、4、5需要在发现学生出现该状况的24小时内完成。）

6. 辅导中心老师要在学生就诊后获取该生的就诊情况记录。4~6周内对其家长或该生进行随访。

7. 学生转介就医或咨询。辅导中心老师可向专业医院及转介机构提供该生

的基本资料。学生在校期间或者复学后，辅导中心老师根据需要可向合作的专业医院医师或者咨询机构咨询师了解治疗及咨询情况。

二、快速的报告制度

无论是学生、教师或学校其他人员，一旦发现危机事件，应迅速向自己的直接上级如班主任、心理教师或其他最快可以联系上的人员报告（情况紧急下，可直接拨打120），接到报告的班主任或心理教师要在第一时间进行紧急处理，并迅速报告上一级主管及分管校长。如果情况紧急，发现人也要尽己所能进行处理，同时寻求帮助。

三、专业的评估过程

学校的专业心理教师或者具有心理健康教育资格的兼职心理教师，要在12小时之内，完成对危机情况的评估。评估内容包括预警信息的表达、危机类型、当事人近期的日常作息、躯体症状、兴趣改变、兴趣丧失、支持系统以及一些较为特殊的情况。

四、正式的沟通会议

学校要及时举行包括分管校长、家长、心理教师、班主任、年级负责人等人员在内的联席会议。会议的主要目的在于完成各方信息的互通，提供校方的评估结果，帮助家长科学地认识孩子的症状，引起家长对此事的重视，督促家长带孩子到专业的心理医院或心理门诊完成更为专业的评估，完成转介服务。对于已发生的恶性事件，会议的重要目的则首先要安抚家长的情绪，表明校方的负责立场，商讨相关的问题，在细节问题的处理方面，应以坚守学校底线、尽量满足家长需求为原则。

五、完善的转介机制

学校可利用当地的社会资源，与专业的心理医院或心理门诊建立绿色就医通道，选择口碑较好的社会咨询机构，与之建立合作关系，由该机构提供擅长青少年咨询的专家团队。一方面，完善的转介机制可以尽可能地解决就医难的问题；另一方面，学校对社会咨询机构进行了审核和评估，这对于转介出去的学生也是一种保障，以确保他们能够受到比较专业的咨询服务。此外，在学生治疗返校后，学校、家长、社会也比较容易实现信息共享，为学校提供适于该生康复的教育环境提供信息参考。

案例 深圳某校心理危机个案转介方案（节选）

所谓转介，是指学校师生接触或发现严重心理危机学生后，在征得危机学生本人及监护人同意的情况下，按照学校事先制订的心理危机干预工作操作流程，将危机学生稳妥地介绍或推荐给与其危机干预相匹配的专业机构，由心理咨询师对当事人的心理危机做初步地评估或由精神专科医师对当事人的心理危机或精神疾病进行进一步地诊断、治疗。

学校咨询中的严重复杂个案逐年增多，学校心理老师无论从职业责任还是工作负荷上都难以承担，心力耗竭严重。很多危机个案的家庭也有关于精神科挂号难，或者想预约心理咨询不知道去哪里的诉求。在外接受专业治疗的学生重返校园，也存在信息无法沟通的情况，不利于学校对这部分学生进行随访跟进。为改善和解决上述问题，学生辅导中心与当地的心理专科医院、社会心理咨询机构协商后，建立转介合作关系。

1. 有自杀风险的个案，依据学校心理危机干预方案，召开联席会议，由学校社工联络深圳市康宁医院儿童心理保健科为该生提供评估诊断服务，如家长或学生不愿前往深圳市康宁医院儿童心理保健科完成心理危机或精神疾病的诊断、评估，则由社工联络医生到具有医疗系统认定资质的校医室提供门诊服务（具体方案略）。

2. 暂无自杀风险，但属于严重个案，家长有咨询意愿的，学校可推荐家长前往深圳秭和心理咨询中心、深圳市海之梦心理咨询中心，根据学生及家长的需求预约相应的心理咨询师，接受专业的心理咨询（咨询中心接待流程和咨询师简介略）。

3. 在外接受治疗或咨询重新返校的学生，返校前需前往学生辅导中心进行评估，并提供休学或请假期间的治疗诊断或者咨询机构的整体评估报告。

第二部分
关于预警信息

自杀行为预警信息包含哪些?

企图自杀的学生不一定会留下遗书,但自杀行为常常会有预兆,了解和自杀行为关联较高的信息,可以帮助学校教师及早发现可能的心理危机个案,并进行及时有效的干预。以下从教师工作的角度,列出了常见的预警信息,若有学生符合其中的多项,则需要学校教师予以更多关注。

一、情绪、情感

(1)长时间沮丧、悲伤、悲观失望、爱哭。

(2)失去活力、无精打采或疲惫倦怠。

(3)对事物失去兴趣或无法感受乐趣,觉得无聊。

(4)表现焦虑、紧张、暴躁易怒、坐立不安。

(5)情绪不稳,表现为忽然大笑或大哭。

案例

高三陈老师发现班上的小欣同学自二模考试后,一直闷闷不乐。与其沟通,小欣自述每天没有力气,干什么都提不起兴趣。小欣同班的好朋友向陈老师反馈,小欣最近表现有点奇怪,对她莫名其妙地发脾气,而对她的关心询问,也会很冷漠地拒绝。陈老师认为是压力太大所致,就教给她一些减压的方法,但是一段时间后发现小欣没有什么变化。还有1周时间就高考了,陈老师发现她有几次都在学校5楼走廊的围栏边徘徊。为此,陈老师带着小欣去找学校的心理老师。在咨询中,小欣说自己活得很累。

二、认知、行为

(1)人际互动中的攻击性增强,叛逆行为明显。

(2)经常自责,有过深或不必要的罪恶感。

（3）容易沉溺于死亡和自杀的主题之中。

（4）开始谈论自杀，并表示对现实生活不再留恋，把珍贵的东西送人，并安排后事。

（5）在行为或是性格上出现突然或是重大的改变。

（6）无法集中精神或注意力。

（7）学习成绩持续下降、旷课、经常不交作业、离家出走。

（8）不在乎自己的外貌。

（9）变得爱过度冒险。

（10）变得退缩而不与家人、朋友亲近。

以上这些认知行为常常会有语言表达线索，可能是直接的，如"我想死""活着真没意思""我要了结这一切"。也可能是对家人或朋友说再见，间接隐晦地提及自杀："这可能是我吃的最后一顿饭了。""这世界上不会有人在意我。"

案例

小宇进入初二以来时有因为睡眠不好而请假的状况，也极少与人沟通。有学生反映他与同学沟通时，如果稍有不顺就会生气地揪住这个问题不放，如他向别人借东西别人不借给他时，他就愤怒地、长时间盯着别人，用这种方式表达自己的不满。还有一次，小宇与同学发生冲突后，班主任与小宇妈妈沟通，了解到小宇很长一段时间都失眠，在家里脾气也愈发暴躁，饮食也不好，经常觉得肚子不舒服，小宇妈妈虽然多次带他去医院检查，但检查结果显示没什么问题。为此，班主任建议其带孩子到心理专科门诊做一下评估。

三、生理和躯体症状

（1）胃口或体重发生变化。

（2）睡眠异常：持续失眠或睡眠过度。

（3）感觉生理的疼痛或不适增加，无生理性的肚子痛、后背痛、头疼等。

（4）服用药物或酒量增加。

（5）罹患严重的身体疾患。

案例1

班主任向心理老师反馈班上一名同学在最近一次月考中,看着数学试卷,脑海中出现理化的学习内容,考后严重嗜睡,之前该生表示胃不舒服,虽然做了很多项身体检查,但均未查出异样,睡眠质量一直不太好。直到学生主动说想看心理医生时,家长才意识到有可能是心理问题,就带其去儿童医院心理科就医,医生最终诊断其有抑郁焦虑情绪。

案例2

班主任向学生处反映班上一名学生近期经常不来上课,扰乱了班级正常秩序,希望学生处对其训诫。学生处查询学生信息时发现,该生除近期缺席几次课,从学期初开始已经有70余次病假记录。在与家长沟通时,心理老师提出该生躯体症状可能是适应不良、情绪出现问题的表现。母亲承认孩子身体有多种不适,但是认为是从小体质弱、抵抗力差的原因,否认孩子有情绪问题。班主任也表示学生在班级内除了考勤问题,并无其他特殊表现。三周后,该生的同学向学校报告了该生有严重的自我伤害行为。在之后的咨询中,心理老师得知,该生的自我伤害行为已经持续了6个月,其频率从两周一次到一周三四次,割伤位置也从浅表到较深。学生在咨询中也说自己有自杀的念头。

四、遭遇严重的发展危机事件

(1)亲密的亲人、朋友或偶像最近自杀了。

(2)遭遇突发性的家庭变故,如父母离异、重要亲人离世、破产。

(3)学业上失败。

(4)失恋、人际关系破裂。

(5)被强暴、有网瘾等。

如何跟进学校心理健康筛查出的预警学生？

以全体学生为对象的心理健康筛查是预防危机的一个重要途径。筛查生成的预警名单往往是高危个案比较集中的群体。如果你是学校的一名心理老师，对预警学生的跟进可以从以下几方面入手：

一、汇总名单

出具预警情况报告（含人数、其基本情况统计等），向学校主管领导汇报，建议召开教育教学联席会议，邀请教育教学的主要负责人参加，解读筛查总体报告，为教育教学部门制订教学计划等做参考。

二、班主任和心理教师均需联系家长（或监护人）

联系的主要目的是告知家长筛查的结果、了解更多的家庭信息、建立家校合作关系以及给予相应的家庭教育建议等。在告知家长信息时，尽量不要直接告知结果，因为这容易引发家长的恐惧情绪或者是防御，建议采取的表达方式为：

"在学校的心理健康筛查中，您的孩子显示在人际、学习等方面（可根据实际结果描述）存在一些不适应的情况，可能在校园生活方面遇到了一些困难，为此想跟您进一步了解学生在家里的情况，以方便我们在学校给予孩子更好的支持。"

三、全体教师培训，重点是与班主任保持联系

针对如何跟进预警学生，建议为全体教师提供集中式的危机个案实务培训，内容包括预警信息识别、危机发展阶段的学生特点及需求、如何跟进预警学生、危机干预整体流程等。如不能实现全员培训，可采用"给班主任的一封信"或者"预警跟进温馨提示"等纸质版文字材料，给予班主任一定的专业指导

（可参考附录8：致班主任的一封信）。日常工作中要定期与班主任互动，为个案随访收集更多的信息，并同时给予班主任即时性的支持和专业指导。

四、预约面谈，建立关系

"您好，我是学校的×××心理老师，新的学期生活开始了，很多同学面对新的环境，可能在学业、人际关系或者生活等方面遇到了一些挑战，如果你在某些方面也有类似的困扰，我愿意为你提供支持与协助，专属你的时间为：×××，地点：×××，期待与你相遇，如以上时间你不方便，可短信提供或者到中心填写适合你的时间。"

这是某学校在新生入学教育时提供给新生的预约服务卡。

心理老师可以直接约谈预警学生，并告知他，在测评中，显示他可能在学习、人际等方面存在一些情绪困扰，自己可以为他提供一些帮助。第一次约谈的主要目的在于建立关系，传达心理老师对学生的关注之情。初次面谈可以向预警学生明确心理老师与其他老师角色的不同，强调保密及中立原则，消除学生对于心理辅导可能存在的误解。

五、课堂、活动观察

利用心理课堂或者生涯规划课堂，进行随堂观察。可以结合个案的预警信息，策划相应的主题，进行积极的引导。比如，该生的主要外在刺激因素是在人际适应方面，可以在课堂中寻找合适的时机，引导其思考和分享，并予以积极的回应。这样的设计也为课下咨询关系的建立提供良好的基础。

六、开设适合的小组或团体活动

创造机会，吸引部分预警学生参与其中，建立朋辈互助小组。

七、随访

心理老师对于预警学生要定期随访，向家长及班主任了解情况，保持沟通，给家长及班主任提供一定的专业指导和支持。

如何保护反馈预警信息的学生?

在反馈预警信息之前,多数学生一般都会有一个思想斗争的过程。学生可能会有担心危机发生的恐惧,会有觉得自己是在告密的内疚感,也会担心受到其他同学的排挤,还会对心理老师是否能有效处理此事产生怀疑。当反复权衡后,学生最终还是选择了将危机信息报告给老师,觉得只有报告给老师,才能给预警学生提供最大的帮助。因此,老师首先要对他帮助别人这一点予以肯定,并感谢他对你的信任。在了解事情的基本信息后,要与他讨论他的那些担心,并坚定地给予他保密的承诺。也可以跟他谈谈你接下来可能会做的事情,让他对其有所了解,尽可能地减少他对你能否处理此事的怀疑。

很多学生在反馈预警信息时,出于对自己的保护,可能不希望老师知道他是谁,因此先不要急于确认提供信息学生的身份信息,将重点放在先了解更多的他所知道的预警信息,争取获得更多的情况。

有的时候,即使心理老师保密,也可能因为其他原因导致反馈信息的同学被暴露。所以,在与提供信息的同学沟通时,可以一起谈论如果被得知是自己向老师反馈相关信息时,应当如何应对,教授其一些应对技巧,比如对同学说:"对不起,我知道这样做,你会觉得很受伤,我不知道怎么做才能真正地帮助到你,我想我们都需要老师的帮助。"或坦诚表达自己对同学的担心。同时告诉他,如果他个人受到此事影响而产生一些情绪困扰,可以随时来找你沟通,传递你对他行为的赞赏、肯定,告诉他你会跟他在一起面对,让他坚定信心。

案 例

某校心理老师在寒假期间接到一个匿名电话,打电话的是该校的一名学生,其向老师反映他的初中同学有自杀的想法。这名学生在电话中显得有些焦急和无助,心理老师先是安抚了该生的情绪,待他稳定了一些后,继续询问相关的细节。该生向心理老师大概介绍了他的同学的基本信息，包括家庭情况等。他说自己也一直在尝试劝慰他的好朋友，但是好像没什么效果，他担心他的好朋友真的会去做傻事，所以最后还是决定求助老师。该心理老师问他是否方便提供他们的聊天记录，以便做更多的了解，该同学提供了两人的聊天记录，记录显示，他的好朋友确实有比较高的自杀倾向，随后心理老师问他能否提供具体的姓名、联系电话、就读学校等信息。该同学有些犹豫，他问心理老师，接下来该怎么做。心理老师大概跟他说了一下评估结果，以及接下来可能会联系对方学校的心理老师，根据该生的情况一起制订干预措施等流程，该同学稍微犹豫了一下，提供了对方的身份信息和联系方式。心理老师迅速联系当事学生学校的心理老师、班主任，反馈了相应的预警信息。1天后，对方学校反馈，该生之前一直处于严重抑郁治疗中，多亏反馈信息及时，进行了及时干预，才避免惨剧的发生。但是该心理老师不久就收到反馈信息学生的信息，说自己被好朋友指责背叛，对方说了很多难听的话，并且要跟他断交。该生很愤怒，也特别伤心，询问心理老师该如何处理此事。心理老师对他的感受进行了同理和共情，也把对方学校后续跟进的情况向该生做了反馈，再次肯定他及时反馈预警信息的正确性，同时表达了对方学校对他的感谢。心理老师跟该生一起讨论了他的好朋友所出现的愤怒的言行，帮助他理解了对方的行为。最后该生表示，自己不后悔告诉了老师这件事，他觉得只有求助才是对朋友最大的帮助，至于他的朋友能否理解他的举动，他相信时间可以证明一切。

第三部分
关于评估

评估的基本流程是什么？

一、信息收集

对危机个体进行评估前，须尽可能收集有关学生的信息。包括家庭基本情况、目前在校表现、既往自伤史、有无现实的刺激事件、人际关系及发现或发生危机时的具体情况。这些信息的收集，可为面谈评估提供更为全面的参考依据。

二、面 谈

在接到危机报告后，学校心理老师或其他心理专业人员应第一时间联系危机学生，促成面谈。这个过程一般分为以下几种情况：

1. 报告称该生有自杀想法或企图

如果心理老师与该生不熟悉，可由该生信赖的班主任或其他学科老师陪同前往心理老师处面谈。如果心理老师与该生熟识，可直接约谈该生。

2. 报告称该生目前有企图自杀的行为

心理老师应尽快赶到现场，通过专业技巧安抚危机学生的情绪，在其情绪较为平稳后，带其离开现场，前往咨询室面谈。

面谈中，心理老师主要对其自杀的风险程度做评估，具体评估指标可参考附录5：自杀风险评估表（参照北京大学心理咨询中心徐凯文版撰写）。可以采用一些诊断心理问题、评估心理健康的量表对学生心理危机状况进行评估。常用的量表有：抑郁自评量表，主要适用于具有抑郁症状的成年人；焦虑自评量表，适用于具有焦虑症状的成年人；症状自评量表，适用对象包括初中生和成年人（16岁以上）。

3. 心理老师发现危机

如果是心理老师在课堂、活动或者咨询中发现危机，则可以直接对其风险程度进行评估。

三、形成初步评估结论及处理意见

根据其表现，评估结果一般分为低度危机、中度危机、重度危机三种情况。心理老师根据危机程度，需要给出相应的后续跟进建议，一并提交给主管学生工作的领导。无论是何种程度的危机，都需要汇报给其监护人，即使评估显示为低风险，亦不排除有发生危机的可能。

通常在多长时间内完成评估？

一般情况下，从接到报告到完成整个评估，时间越早越好，一般建议在12个小时内完成，不建议隔夜评估。在评估结束后，如果评估为中高风险，则要通知监护人在当天接其回去休息。如果危机发生在下午或者晚间，危机学生又是寄宿的情况下，因现实原因，无法回家，则学校在宿舍要安排生活老师或其他老师密切关注其动态。

案例

某心理老师对班主任老师带来的危机学生进行了评估，认为其在校的风险很高，通知了家长，但是该生当晚不想回家的意愿强烈。心理老师紧急发起并召开了危机联席会议，最后决定今晚暂时让孩子留宿学校，但是生活老师需要遵守保密原则，夜间全程监护该生所住的宿舍，一旦发现异常情况，立即上报主管领导。

评估结果为高风险时，心理老师该怎么做？

评估结果显示为高风险时，心理老师应陪同并安抚危机学生，同时尽快通知其父母到校，参加家校危机联席会议。会议的主要目的是实现各方信息互通，心理老师向其父母通报评估结果，重点督促家长带孩子及时就医。当家长有专业支持的需要时，心理老师可向其提供专业的转介信息和支持，如联系精神类专业医院或者医院心理科，让危机学生可以及时到专业医院接受评估与诊断。或者提供比较有品质保障的社会心理咨询机构，以便家长获得专业的服务。

 案例

某班主任致电学校心理老师，报告班上一名情绪一直不太好的学生，因为上外教课被没收了五子棋而情绪崩溃，拿起裁纸刀冲出教室，扬言要杀了外教老师。班主任拦住了他，但是他情绪很激动，紧紧握着刀，蜷缩在角落里。心理老师一方面联系家长，一方面迅速赶到现场，先低语安抚其情绪，引导其慢慢放松身体，待其情绪稳定后把刀拿过来，跟班主任一起陪同前往一间空教室，在等待其父母前来的过程中，心理老师完成了风险评估。父母赶来后，母亲负责陪伴该生，父亲参与了学校临时的联席会议，会上，心理老师通报了高风险评估结果，建议其父亲尽快带其到专业医院评估，其父亲表示之前就发现孩子不太对劲，但是心理门诊很难挂号，约到的号要两周后，为此，主管学生工作的校领导马上联系学校所在社区的医院负责人，通过就医绿色通道，紧急对其安排了评估。

评估结果为中度风险时,心理老师该怎么做?

评估结果显示为中度风险时,评估完成后的重点工作就应该是建立良好的咨访关系,由心理老师或者学校社工为其提供规律性咨询。咨询计划可由心理老师与学生双方协商制订。心理老师同时联系家长和班主任,对其家庭教育及在校学习所需的适切性环境提供相应的专业指导。如学校不能提供规律性的心理咨询服务,可建议家长在校外寻找社会咨询机构,为孩子提供专业的心理咨询。学校心理老师可定期追踪回访。班主任在日常班级管理中要密切关注该生,针对该生的情况,在班级里为其安排具有支持性的教育措施。

案例

小丽主动向学校心理老师反映,说她睡眠一直不太好,因为她特别看重的比赛失利了,最疼爱她的姥姥也于年初过世,这些均给她带来很大打击,且最近想死的念头越来越强烈。心理老师评估其可能有中度的抑郁情绪障碍,但是风险等级尚不高,询问其是否愿意接受心理治疗及定期咨询,小丽表示愿意,并且也能接受通知父母自己的情况。

心理老师在与小丽的父母沟通后,其父母对小丽很担心,并表示很愿意配合学校带小丽去做心理治疗,但是不知道哪里有适合的心理治疗师。为此,心理老师推荐了几位资深的社会机构治疗师供其父母选择。

同时,与其班主任取得联系,将评估情况反馈给班主任,建议班主任最近做好安全防护工作,同时提出一些在班里开展相关工作的良好建议。

一个学期过后,在班主任、心理老师、家长的积极配合下,小丽恢复得很好,并且还在一次全校性的辩论大赛中获得了"最佳辩手奖"。

评估结果为低度风险时，心理老师该怎么做？

评估结果显示为低度风险时，心理老师可以为该生提供具有支持性的心理辅导服务，与该生父母及班主任或其他学科教师保持密切的联系，根据观察和反馈的信息，实时了解学生的情况。如学校有心理社团或者朋辈社团，可私下安排具有一定助人意愿和能力的其他学生，为该生建立良好的同辈支持系统。

案例

小宇入学后，一直觉得很孤单，在新的学校里一直找不到朋友，同学们平时聊的话题他也不感兴趣，时间久了，他觉得大家都不喜欢自己，跟同学的冲突逐渐多起来。

有一次，在跟同学打架后，小宇被班主任老师带到心理老师处。心理老师在两次咨询后，评估其只是一般性的心理问题，正好学校心理社团最近在开展人际关系互助小组活动，心理老师推荐小宇参加。小宇抱着试试的心态参加了几次活动，没想到在这个小组里找到了志同道合的朋友。

评估结果无自杀风险，但是有自伤行为，心理老师该怎么做？

假如确定了学生有自伤行为而无自杀企图，则一般将这种自伤定义为非自杀性自伤。这种自伤可能发生在任何年龄阶段，但它通常会出现在青春期发展阶段。非自杀性自伤最普遍的表现形式有割伤、烫伤、烧伤等。Walsh（2006年）将非自杀性自伤定义为"为减少心理痛苦而进行的有意的、影响自身的、低致命性的身体伤害，该行为是不被社会所接纳的"。根据这个定义，我们可以看到非自杀性自伤是有意的且是为了减少心理痛苦而进行的，这种行为可能承担着多种心理功能（例如，主要是减少痛苦，其次是引起他人注意）。

面对这样的学生，建议首先评估其状况与其学业成绩水平的相关程度，即完全相关、部分相关或者完全不相关。如果自伤者的自伤程度严重到足以影响其学业时，建议转介，接受校外专业心理机构的治疗或咨询服务，而在校内，则需要联合各部门、学生及其父母或监护人共同制订个别化教育计划；如果该生在学业上仍表现正常，则对该生提供的咨询，可考虑将重点放在理解其自伤行为发生的情境特征、功能和形式上。

（1）个体与之所处的环境是密不可分的，理解自伤行为，就需要先了解为什么在特定的时间，自伤行为对他（她）而言有特定的作用，个体自伤的原因在不同的时间和背景下是不同的。

（2）了解自伤行为承载的具体含义。有的时候自伤行为可能会同时具有多种含义，比较常见的含义有：想表达愤怒的情绪；惩罚自己；让自己感觉正常一些；转移自己的注意力。在学校中，如果是首次应对非自杀性自伤的学生，则有以下建议可供参考。

一、恰当地运用咨询语言

在与自伤学生交流的过程中，要特别留意学生是如何描述自己的自伤的，如"一刀一刀地割""不停地抓，直到抓出血""反复地烫""大力地击打""狠狠地咬"……在交流的过程中,恰当地使用他们的语言,既是"映射",也是一种有效的"参与策略",学生会有获得尊重和理解的感受,这对理解个体、表达共情、建立良好的咨询关系有重要作用。但是,如果一名学生表现出大量对身体的严重的自我伤害行为,但是他却轻描淡写;如一名学生表现出反复割伤自己且程度越来越深,却将其描述成是不小心抓伤的,那么,他运用的语言就不能成为准确的"映射",这个时候,咨询中就不适合用他们的语言。

二、无条件接纳

在评估的大背景下,初步应对非自杀性自伤,应在咨询初期表现出真诚的接纳,并恰当地表达想进一步了解问题的愿望,而非表现出马上给出方法让问题尽快消失的态度。因为过于迫切的愿望或者急于找到方法,都容易让学生认为他们的行为是令人厌恶的。

三、保持中立非评判的态度

对自伤学生的行为表现中立非评判的态度是很重要的。自伤者往往在行为过后,会很频繁地自我谴责或者经常遭到他人的批评,所以,如果你以一种平静的、非评判和感同身受的方式对待他,对他来说可能是一种很好地释压体验,这有助于促进治疗联盟的形成,并有可能使他能够坦诚地讨论自己的问题。自伤者能否接受有效的咨询,初步应对、建立关系是很重要的一步。如果你能真诚且带着尊重与之进行应对,学生在咨询中,才更有可能合作,并能以开放、非防御的方式来与你交流。

案例

17岁的姗姗就读高三,在第一次咨询中向心理老师展示了被自己割伤的手腕,心理老师进行了较为详细的询问,询问内容包括什么时间、什么地点、什么状态下、用什么工具等。姗姗表示第一次有这种行为,是在一次化学课上,老师在讲一些事情,她对老师讲的内容很不感兴趣,觉得老师很唠叨,当时很烦躁,刚好手边有一把铅笔刀,就拿起来在手背上划了一刀。心理老师接着询问了其划完后的感受,她表示当时觉得好像一下子就不那么烦躁了,但随后会觉得有些羞耻。后面的几次行为，也是在与人互动时，产生烦躁或者愤怒情绪时发生的，都是划的同一个手背，但自己觉得很丑陋，很担心别的同学会看见。心理老师在这一次咨询中进行了较为深入的共情和同理，随后的咨询中，学生逐渐放松，倾诉的内容越来越多，为后面的风险评估奠定了较好的基础。

该个案共开展了10次工作，利用良好的咨询关系，心理老师与来访者就合理的情绪管理方式做了相应的讨论，心理老师也给出了一定的建议，待咨询到第4次时，咨询者没有再发生自伤行为。

当家长与心理老师对风险程度的判断不一致时,该怎么办?

当家长与心理老师的判断不一致时,重点要考虑家长所做出的判断背后的各种可能性,然后针对这些可能性,采取相应的措施。

1. 如果老师觉得风险程度比较高,而家长觉得没那么高时

(1)要评估家长掌握的实际情况。与家长沟通、交流各自掌握的信息,了解亲子关系的情况。有的时候,学生出于不想家长担心或者觉得说了真实的想法后,家长也不会重视等方面的考虑,会向父母隐藏真实信息。当老师把自杀或自伤等信息都呈现给家长时,他们的判断也会有相应的调整。他们对老师提出的信息如果不相信,建议先不急于说服他们,而是从他们亲子日常沟通的情况找例证,来证实学生确实有隐瞒信息的可能。

(2)评估家长的风险意识。如果是家长的风险意识不足,老师可以用例证的方式,提高他们对此问题的重视。

(3)有的家长认为风险程度较低,可能是有不能接受现实、不知如何应对的恐惧,对于这种情况,则需要老师共情和同理到家长的这部分感受,缓解家长因此而产生的焦虑情绪,提供建设性的意见,给予力所能及的专业支持。

2. 如果老师认为风险程度比较低,而家长觉得比较高时

(1)要充分共享信息,获取老师未曾了解的信息。

(2)要跟父母核对同一信息,即该生提供的具体描述,判断学生向家长倾诉时,是否有夸大的成分。有的时候,学生为了吸引父母的注意,有夸大自己情况的可能。

(3)评估家长的人格特质、气质类型是否对风险判断产生了影响。如容易焦虑且敏感的母亲,对于孩子的情绪波动有可能产生夸大的判断。这种情况下,要先协助家长调节情绪,用例证区分一些事实和想法,以缓解家长的焦虑,然后再给予适当的家庭教育。

> **案例**

彬彬（化名）是一名初三学生，有一次，班主任老师反馈，该学生平时性格温和，成绩很好，最近情绪却变得很暴躁，生气的时候会砸桌子，班主任老师与他谈话，他叫嚷着"不想活了"。班主任建议他找心理老师聊聊。

心理老师对该生进行了风险评估，认为该生现在有较为明显的情绪问题，抑郁的生理症状明显，记忆力、注意力明显下降，且最近频繁出现自伤的想法，也有自杀的详细计划。该生对自己成绩要求很高，长期处于高压的状态，现在临近中考，学业压力增大，所在班级又是学校的重点班，高强度的竞争环境加大了该生的风险系数。

心理老师决定启动心理干预流程，通知年级负责人，上报主管领导，召开家校危机联席会议。会议中，该生家长对于孩子的情绪问题已有所觉察，但并不认同心理老师的评估，家长担心如果前往专业医院就医，可能需要服药，而家长对西药可能导致的副作用有所疑虑。心理老师在会议上也着重强调了高压环境所带来的不利影响，班主任、年级长也陈述了接下来的中考复习的强度，以及孩子可能会遇到的困难和挑战，并给出了联合教育措施。经过反复沟通，家长勉强同意带孩子就医。

半个月后，孩子情况日趋严重，在一次考试中，突然冲出考场，试图翻越栏杆，多亏班主任老师提前做了干预预案，及时处理了突发情况。学校再次召开危机联席会，家长承认并未带孩子前往专业医院就医，而是服用中药进行调理。孩子情况的恶化，也让家长的风险意识有所提高。学校及时进行有效干预，也打消了家长担心学校想把孩子推出去的疑虑，在会后即前往专业医院就医，评估结果为中度抑郁，风险等级偏高。后续因为请假、休学等问题又召开了两次联席会议，其间校方为了孩子尽快康复，提出过休学的建议，但是家长不同意，直到孩子又有极端行为出现。

在最后一次的危机联席会上，心理老师了解到家长不肯让孩子休学的主要原因是担心孩子休学后没有同龄伙伴，时间长了自己很孤独。针对这一需要，心理老师向家长推荐了专门针对休学在家的青少年社会实践的社区资源，经过考察，家长和学生对此项目都很满意，办理了休学手续。每半个月，心理老师、班主任与家长都会就孩子的近况进行一次线上沟通，孩子在接受系统的治疗及参与丰富的社会实践活动的过程中逐渐康复。

如何向领导反馈评估结果?

心理老师的评估结果跟学校为该生提供的支持性资源有直接关系,因此评估结果中应包括较为完整的评估报告(如果该生有精神科的既往病史,需要附上医院的相应诊断)、学校提供的支持资源以及在使用这个资源的过程中的相应建议,如班主任如何在班级针对该生开展哪些辅助类的工作。评估结果要客观、专业、真实、全面,要尽可能地为学校呈现学生情况的各种可能性,以及针对这些可能,学校需要提前制订哪些相应的预案。为了缓解领导的焦虑情绪,把结果评估过轻,或者为了引起学校对此事的重视,把结果评估过重,都不利于学校为该生提供适当的支持。过轻的评估结果容易造成对该生情况的忽视,从而埋下发生恶性事件的隐患。而过重的评估结果容易让学校在处理该事件时,应对措施武断,容易让家长和学生产生学校排斥他们的误解。

案例 关于××同学的危机情况报告

××,高一(1)班,女,因母亲推荐前来咨询。近日因在学校违犯校规,担心受到学校通报,感觉压力很大。咨询中发现她的认知、情绪均出现异常,且有自杀的想法,情况如下:

1. 情绪上的异常

进入咨询室时情绪略显紧张,敲门声急促,进来之后动作僵硬。询问其是否特别焦虑时,其给予肯定的回答。多次提及违反校规可能产生的结果时,她呼吸急促,手脚僵硬,目光呆滞、空洞,进入惊恐状态,无法听从老师放松的指令,只有通过放松其肢体才能缓解下来。她表示自己情绪低落已有一年多时间,3月份也看过心理门诊,诊断为青少年情绪障碍。她睡眠一直不好,近期更差。

2. 认知异常

该生听到要在全校通报她,就惊恐万分,神情异常。

3. 有自杀的想法

该生表示初中时就想过死,想过跳楼、割腕,最后决定烧炭自杀,但是一直买不到炭。之后有同学劝解她后,才有所缓解。但近日发生的事,可能会影响她的整个人生,表示如果发生就不活了。自述父母对自己苛责、打骂,最大的愿望是可以自立,离开家。

4. 咨询过程中的评估

咨询过程中该生未出现幻觉、妄想等症状,但是认知、情绪出现了很大的异常,且支持系统薄弱。该事件对其产生的压力很大,有过自杀念头,存在较大风险。

危机评估如下:

	无(分)	有(低)(分)	有(高)(分)
评估自杀、自伤计划	0 √	1	2
评估既往自伤、自杀相关经历	0	1 √	2
评估目前现实压力	0	1	2 √
评估目前支持资源	2 √	1	0
临床诊断	0	1	2 √

("√"表示该生得分分值)

综上所述,该生既往情绪已经出现异常,且因长期性格内向,与家长关系不和睦,有过自杀念头和计划,且近日发生具有较大压力的事件,有惊恐发作,精神上认知和情绪异常,该生目前的心理状况不稳定,不排除该生在强大的心理压力下做出过激的行为。危机评估为7分,达到危机水平,需要上报校级领导,召开联席会议,已经反馈给家长,并建议家长带孩子到精神科门诊做专业评估。

(某心理老师)

面谈评估过程中需要特别注意哪些问题?

面谈是指当发现个别学生出现情绪、行为或认知上的异常时,心理老师主动接近该生,表示关心,并与之展开谈话。

需要注意的是,在面谈时要充分考虑学生的感受,注意自己的用词、语气和表达是否恰当,尽量使用探询、委婉的表达方式。比如:

"看你最近有点沉闷,不知道发生了什么?不知道我能为你做点什么?"

"你最近不怎么爱说话了,好像不开心,能告诉我出什么事了吗?"

"不知道你遇到什么事了,我可以为你做点什么吗?"

……

评估过程中,心理老师首先要充分运用同理、倾听等专业技巧与危机学生建立良好的关系,进行评估时建议采用对方较容易接受的表达方式更为有效。

评估报告应包括哪几方面的内容？

在进行自杀风险评估时，应包括以下几方面的内容：

1. 既往自杀、自伤的经历

包括当时是否有现实事件刺激、尝试的次数、父母是否知情、学生本人对既往经历的看法等。

2. 现在的自杀、自伤计划

包括时间、地点、方式等信息，内容越详细，说明风险系数越高。

3. 目前的现实压力

包括学业、人际关系、亲子关系、情感等，涉及的方面越多，说明风险系数越高。

4. 目前的支持资源

分为校内支持和校外支持：

（1）校内支持。校内支持包括学校内部人员对此问题的重视及配合程度，包括班主任、学科教师、同学、朋友等。

（2）校外支持。校外支持包括家长对此问题的重视及配合程度、家庭经济情况、就医转介途径、社区可以利用的资源等。

以上评估内容可参见附录5：自杀风险评估表（参照北京大学心理咨询中心徐凯文版撰写），评估过程中可使用的结构性问题可参见附录6：学生评估面谈指引。

评估过程中直接和学生讨论自杀合适吗？

很多人在面对有自杀想法的学生时，都会担心直接与其讨论自杀是否合适。即使是专业的心理老师对于这个问题的处理也会很犹豫。有研究显示，多数自杀者在生前都会发出不同形式的预警信号，这些信号本身即是求助信号，他们希望通过这些信号获得关注，但是在一次次这种期待落空的情况下，产生了绝望感之后，才选择结束生命。而与人讨论自杀也可以理解为是一种求救信号。因为如果有人愿意很正式地与危机者正面讨论自杀的想法时，对于危机者来说，自己就获得一次被关注、被理解的机会。特别是当学生主动谈及自杀想法时，他就更倾向于这种想法能够被重视和认真对待，如果成人回避此问题，容易让学生产生他的问题不被重视，他是不重要的，没有人真的关心他的感受。所以直接讨论自杀并不会提高风险，只是需要有合适的方式和内容，并且心理老师在讨论的过程中要保持高度的倾听、共情，要无条件接纳以及积极关注，重点探索其想法背后的原因、情绪等。

案例

在一次批改课堂作业时，老师发现在一份作业的末端写有"有自杀想法"的内容，随即做了排查，确定为××。在咨询过程中，心理老师与该生直接讨论了他的自杀想法，并表示很担心，希望了解更多，并可以帮助到他。该生表示，自己对于老师反应如此之快，并且直接询问这件事情，感到很意外，但是也很感动。因为从小到大，自己好几次主动跟父母讨论那些不好的想法时，父母都几乎是回避的，一次次试探，一次次失望，他觉得他都说想死了，父母都没重视他的问题，感觉自己真的对他们来说是一点都不重要。以前每次拿小刀割伤自己，他都会主动告诉父母，父母最多就是给个创可贴，也不会说什么。这次在割伤自己之后，已经不想再告诉他们了，但是自己真的很痛苦，他还是想有人能理解这份痛苦，所以选择在自己喜欢的课上，留下了那句话。

第四部分

关于保密

校园自杀、自伤干预中的保密原则和保密界限是什么？

学校心理咨询和心理危机干预要遵循的保密原则，即要遵守心理咨询中关于保密的基本原则：在没有征得来访者同意的情况下，心理老师不得随意透露咨询学生的情况，心理老师也不能随意打探来访学生的、与咨询无关的内容。

但在一些特殊情况下，心理老师可不遵循保密原则，常见的情形包括：来访学生有可能对自己或者他人造成人身伤害、患有危及生命的传染病、来访者希望心理老师代为向父母或者其他老师传达一些利于解决所面临的问题的信息、咨询中出现了触犯法律、已经超过了保密限制的问题，如家暴等。在遇到这些情形时，心理老师应该将必须透露给其他人的信息控制在必要的范围内。

案例

男生小段，高三，通过短信的方式告诉学校心理老师，最近半年，他常常有自杀的想法，想过用何种方式结束自己的生命痛苦较小，也尝试过去探查地点。心理老师在和该生的交谈中发现，除了学业面临较大的压力这一原因之外，该生还存在性倾向的困扰，这也是导致他内心产生冲突的重要原因。他爱恋一名同性同学，但是对方并不接受他的感情，这也让他对活着的意义产生了怀疑。

如果你是这位心理老师，你会如何处理这一问题呢？

按照心理咨询中保密的一般原则，心理老师是需要告知学生的监护人（父母）他有自杀想法和计划的，通常在与监护人谈这个问题时，也都会涉及对自杀原因的陈述。不过这个来访者的情况比较特殊，导致来访者有危机行为的其中一个较为重要的原因是学生的性倾向和情感困惑，而来访者本人并没有做好告知父母自己存在性倾向的困惑的准备；而综合考虑文化背景，告知家长这一事实，很有可能导致来访者处于更大的现实和心理冲突中，从而激化矛盾，增加风险。

现实处理中，经过与督导师的分析，在告知家长时，心理老师选择了"部分告知"的方式，即告知了家长孩子正处于风险当中，有自杀的想法和计划，但是在谈及具体的原因时，只谈到了情感困惑的事实，而没有谈及性倾向的部分。在向学校报告时，心理老师则报告了全部的原因。之所以这样处理，是因为既然我们保密例外的根本目的是降低来访者的风险，那么会导致危机风险大幅上升的事情，在应急阶段就应该尽量不做，可以等待其他利于事情解决的因素发生一些变化后，再择机做出新的选择和决定。

如何与处于风险中的学生在心理咨询中谈保密例外原则？

学生对于心理咨询要保密这件事，都有一些了解。但是他们的了解是很模糊的，知其一不知其二，很多人并不知道保密原则中也包含保密例外原则。

通常情况下，可以比较直接地、用清晰的语言告知学生：你在咨询中表达的关于自杀风险的信息，心理老师很难为你保密，原因是每个生命都很重要，都应该珍惜，尤其是你仍未成年，法律规定学校有责任向你的监护人报告你在学校期间的重要异常事项，而你想自杀这件事，就是很重要的异常事件。心理老师会告知你的父母和学校负责学生安全的主管领导，以便家长和学校为你提供更多的支持，帮助你渡过这个有些困难的阶段。

 案例

小夏，女，高一，在主动预约的咨询中告诉心理老师，说自己有自杀的想法，已经持续了一段时间。原因是学业遇到困难，父母也不能理解她的痛苦。父亲并不重视她的感受，而母亲，则总是告诉她："女孩要热情一点，开朗一点，要喜欢说话。"

当心理老师询问她是否知道保密例外原则时，她的反应是，不要告诉父母。他们并不在意，也不会改变。

如果你是心理老师，你会怎么做呢？

有一些特殊的情况，如与父母之间的问题就是导致来访学生有自杀想法或行为的主要原因，或者学生一开始就表示不希望心理老师告诉任何人他们的谈话内容。那么和来访者谈保密例外时，就需要更审慎地予以表达。应先以尝试的方式询问：假如心理老师告知了家长这件事，你觉得可能会发生什么？心理老师要与来访学生对他谈到的可能的情况做充分地分析和沟通，目的是帮助来访者认识到，父母以前会那样做，是因为父母不知道如此做会带给他如此大的痛苦；如果他可以将真实的感受说出来，更利于事情朝积极的方向发展。

在上述小夏的这个案例中，心理老师就和学生讨论了父母知道了她的真实想法之后可能的反应，是漠然、愤怒，还是关切。心理老师通过寻找证据的方式，让学生意识到，父母的确不善于和她沟通，但这绝不等于父母不在意她的感受。因为住校，她与父母之间的交流变得更少，这给她表达自己的感受和父母理解她的感受带来一些阻碍。但是很多事实显示，在她成长的过程中遇到较大困难时，最重要的支持者是父母。如果她愿意把最真实的想法告诉父母，父母也会更为重视她的感受，学习如何支持她。事实也证明了，小夏的父母在知悉孩子的真实想法后，在行为上做出了积极地调整，小夏的状态也发生了良好的改变。

学生不愿告知监护人有关自己自杀的想法时,该怎么办?

在了解保密例外的原则之后,绝大多数学生都会同意告知监护人,少数学生仍不愿意告知监护人有关自己自杀的信息,原因有很多。最常见的原因有:

(1)亲子关系比较糟糕,学生觉得父母不会理解自己的痛苦,即使告知了也不能解决问题。

(2)学生担心父母知晓自己的想法后会生气,导致更大的冲突。

(3)学生产生愧疚感,觉得对不起父母。

这些原因也可能是混合在一起的。当学生表示不能告知监护人自己有关自杀的想法时,心理老师需要针对可能的原因和来访学生讨论,提出与来访学生所想的情况不一样的可能,使来访学生明白,他对父母的种种担心都是可以理解的,但是那些担心都是父母在不知道全部真实信息的情况下做出的反应与处理,自杀这样的信息不管是对其本人还是对其父母,都是非常重要的,因此,心理老师还是会告知其父母。

通常,经过这样的讨论,绝大多数学生都可以接受"告知监护人"这个决定。但是仍旧有极个别的学生,会对告知监护人这一行为表示强烈的反对。遇到这种情况,一方面,要和这个学生签订不自杀、不自伤协议,以降低风险,争取沟通时间;另一方面,考虑到学校安全管理条例规定学校应向家长通报与学生有关的重大事项,心理老师必须向主管领导报告情况,由主管领导决定在此种情况下,学校如何处理。如果学校的最终决定是告知其父母,心理老师则需要跟其父母进行沟通,为其父母的情绪处理提供必要支持,并告知他们学生本人不愿意其父母知道的态度以及原因,帮助其父母恰当地与学生互动,并协助其父母做好保密工作。

案例

小敏,女,高二,在进行了几次咨询之后,透露出自己有自杀的想法。当心理老师询问她是否知道保密例外原则时，她表示，告诉父母会让事情变得不可控制，求心理老师一定不要告诉其父母，并表示她一定不会自杀。

如果你是心理老师，你会怎么做呢？

在上述案例中，心理教师综合学生的学业表现、人际关系、未来期待、父母支持等因素，评估这名学生的短期风险是中等程度。考虑到这名学生的人际互动模式是典型的"我不好，你更糟"，在校的师生人际支持系统很弱，因此保持与心理老师已经建立起来的关系，对接下来的工作意义重大。不做让关系断裂的事，保留这个支持通道，是现阶段的首选。

心理老师详细地了解了该生强烈反对父母介入后期处理的原因，是学生觉得父母永远不可能理解她，告诉他们除了让双方都更尴尬，并不能解决任何问题。但是心理老师感觉到，她所说的"父母的不理解"和上一个案例中小夏所说的"不理解"有很大不同。小夏和父母之间的不理解的状态，通过沟通是可以改变的，而小敏和父母之间的不理解的状态，却很难通过简单的改善沟通方式而改变，她在青春期理想化父母的进程中遭受了很大的挫折，她和父母之间的情感是很复杂的。

因此，心理老师并没有像引导小夏那样试图让小敏同意保密例外，而是将工作的重点，放在了强化与她的关系上，并促使她做出安全承诺：不自伤、不自杀，有任何问题都会选择求助。在达成这个目标之后，心理老师定期与学生见面，协助其处理情绪和现实问题。经过学校危机工作小组讨论后，还是通知其父母到校，召开了联席会，除了告知学生的真实信息之外，重点与其父母讨论了：如何处理他们在听到这种信息之后的焦虑；如何不在这种焦虑的驱使下去追问孩子关于自杀的想法；在这种情况下，如何在家庭里观察孩子的表现，以评估孩子是在好转还是在继续恶化，但是又不让孩子感觉到父母已经知道了她的秘密。心理老师与父母工作的目标，是让父母做到既保密又能提高在家庭里的支持程度。

让一个暂时只有你知道其处于风险中的学生签署不自杀、不自伤协议，承诺不自杀、不自伤，是必要的吗？

有些情况，无论心理教师如何努力，来访的学生都不愿意让父母知道自己的真实情况，遇到这样的情况，心理老师就会面临更大压力：在一个时间段内，我是这个世界上，除了学生本人之外，唯一一个知道他想结束自己生命的人。或者是遇到无法联系上家长，学生又因为某种原因坚持要离开咨询室的情形。在这些特殊的情况下，需要让来访学生与心理老师达成在一个时间段内不自杀、不自伤的协议，最好是让来访学生手书一份包含有承诺内容的文件，并签名。在后面的咨询中，需要动态评估学生的风险程度，如果风险并未随着工作的进行而降低，那么仍旧要在恰当时机与学生沟通，让来访学生认识到，父母知道真实的情况后可以帮助他更好地解决问题，这是要尽可能达成的目标。

在现实中，风险个案的情形是复杂的，和来访学生达成"在约定时间内不自杀、不自伤"的共识，是必要的。这不仅能有效降低来访学生在最近时间段内的风险，也减少了心理老师的焦虑，为接下来的沟通处理赢得一个相对平和的时空。

偶尔也会遇到签定了不自伤、不自杀协议的学生，在后继咨询中始终不同意将本人的真实情况告知监护人。这种情况下，心理老师则需要将特殊情况报告学校，通过校内联席会的方式确定告知监护人的决定，并在告知监护人时做好沟通和教育，让监护人做到对当事学生保密，理解学校告知真实情况的目的是增加支持资源，并促使监护人配合学校工作。

文本样本 不自伤、不自杀协议

我：（姓名）承诺在（时间起点）至（时间截止点）期间不会伤害自己或者有自杀行为。

我会这样做：

1. 当我感到我会伤害自己的时候，立刻致电：

（1）一个本人有意愿求助的电话号码。

（2）当地专科医院危机干预热线电话。

2. 提醒自己还有很多其他解决办法，我可以用以下的方式减轻此刻的焦虑和不安（如找朋友倾诉、和宠物玩耍等）。

3. 提醒自己，（姓名）很关心我，他（她）不希望我伤害自己。

签名： 日期：

监护人：（如果也在场的话） 日期：

见证人：（如果有的话） 日期：

当班主任不知道学生有自杀风险时，是否应该告知？

班主任是中国目前学校教育管理中的重要角色。当班主任不知道班级内的某名学生处于中、高等级的自杀风险时，需要告知，但是并不能止于简单的告知。因为比告知更重要的是和班主任讨论，在接下来和这名学生互动中需要坚持的基本原则和重点注意的问题。班主任要注意为学生保密，尤其是非必要情形，不和其他科任教师交流学生关于自杀的信息，以免学生承受不必要的压力。和科任教师的交流主要是关注学生日常学习行为表现，促进任课教师调整对学生学科学习结果的期待，促进科任教师增加对学生的积极关注。

案例

初二女生小兰，心理老师在咨询过程中发现她尝试过自杀行为。以往的经验让心理老师觉得小兰的班主任对心理有问题的学生有偏见，她担心告诉班主任后对小兰有不好的影响，于是只告诉了小兰的父母，还嘱咐小兰的父母不要告诉其班主任，而且没有向学校报告，也没有告知小兰的班主任小兰有风险。初三上学期，小兰因为没有按时完成作业被数学老师严厉批评，情绪激动的小兰爬上了教室窗台。因为有同学及时拉住了小兰，避免了悲剧。但是在后期调查事件时，班主任和小兰的父母都对心理老师有很大的意见，认为之所以事情发展到如此危险的地步，和心理老师不告诉班主任小兰的真实情况有直接关系。班主任说如果知道小兰是这样的学生，她会告诉数学老师不要对她的学业有过高的要求，数学老师不会因为作业的事情批评她，也就不会刺激小兰去做极端的事情。

在这个案例中，心理老师觉得自己没有告知班主任，也并没有错。这就涉及如何看待学校心理老师的双重身份这个问题。如果将心理老师只当成一个咨询师，不将小兰有自杀风险的事情告知班主任是符合咨询的保密原则的，但是学校心理老师还是一个学校的教育合作者，因此，需要将学生的重大异常事项告知学校内必须合作的其他教育者。

第四部分
关于保密

 打破保密原则，将有自杀风险的学生信息告知相关人员之前，需做哪些准备？

打破保密原则，将学生有自杀风险的信息告知相关人员之前，如果是非本人报告的有关自杀的信息，心理老师需要告知提供信息的成人或者学生："你告诉我的关于某某可能有自杀风险的这个情况，我不会替你和他（她）保密，我会向学校报告，他（她）的父母也会知晓这些信息。"同时也要让报告人了解，具体准备报告的信息包括哪些。尤其是当报告人是未成年人时，他们通常会担心自己的行为，是否会被同学认为是"背叛"或者"侵犯隐私"，从而生出不少担心和猜测，这些都是心理老师在正式报告前要处理好的。通常要告知报告的人，不会让其他人知晓信息来源，报告过程中也会注意保护报告人。

案例

心理社团成员小糖向心理老师反映，同班的男同学小明持续在朋友圈发布与自杀、死亡有关的言论和图片，并将截图发给了心理老师。

如果你是这位心理老师，接下来会怎么做呢？

在上述案例中，心理老师一般会在第一时间约谈小糖，了解更多关于小明的信息，同时告知保密例外的原则。然后找机会与小明接触，以评估风险等级。在实际情况下，这种由第三方报告的风险个案，并不总是能够在第一时间顺利和及时约到当事学生，因此，有时候心理老师也会在见到当事学生之前，先与其家长联系，以了解更多信息，便于评估。在联系家长时，需要特别注意保护报告者的信息，因为家长一般的反应总是询问，这个信息是从哪里来的，为什么自己并未观察到。在上述案例中，心理老师因为急于向家长证明信息的确实性，直接将截图发给了家长，虽然处理了报告者的姓名和头像等信息，但是因为家长在焦虑的情形下，直接用截图向自己的孩子求证，由此引发了孩子对周围同学告密的猜忌，导致这名学生人际关系进一步恶化，风险因此而增加，也给报告人带来不小的困扰。其实，更恰当的方式，是联系家长了解信息时，无需将直接证据呈现给家长，在告知有关信息后，将重点放在如何让家长协助心理老师完成约谈这个目标上，以及教授家长如何与孩子谈论自杀这件事情上。如果遇到执着于信息来源的家长，可以温和而坚定地告诉他们，信息来源是可信的，重视即可。

如果是学生本人在咨询或者其他情形下透露了自己有自杀风险的信息，心理老师在报告学校和监护人之前，需要和学生讨论报告可能带来的影响。通常学生担心的影响包括：不能面对父母知晓信息之后的情绪和感受，觉得自己伤害了父母；父母不能理解自己要自杀的想法，并由此带来更多家庭冲突和绝望的感受；老师和同学知道之后会以异样的眼光看待自己，导致人际压力增大。心理老师要针对学生具体的担心进行讨论，尽可能地让学生意识到：虽然有关自杀的信息的确会让很多父母短时间内感受到较大的情感和心理冲击，觉得是自己教育的失败，或者根本不相信自己的孩子会有类似的想法，但是经过解释和沟通，父母最终都会接受和理解孩子，这并不是否定他们的爱，也不表示他们的教育是失败的，而是孩子内心痛苦到一定程度后发出的寻求理解和支持的信号。以后，父母会更重视和孩子的沟通，也会更注意沟通的方式，为孩子提供更适宜的成长支持。

除此之外，还要告知学生，虽然按照保密例外原则，心理老师会将信息报告给学校，但是一般仅限于校园安全主管，老师和同学并不会知晓。班主任在必要的情况下会知晓部分信息，但是他们也经过了相关的培训，知晓保密原则，不会和其他老师、同学随意谈论。

第五部分
关于具体处置

危机处理的基本流程包括哪些？

危机处理，是从接到可疑案例的报告开始。

如发现有学生出现严重心理偏差或者出现自杀的想法和行为，发现人应该陪同或者安排其他人陪同危机中的学生，可以在保证学生人身安全的情况下，联系学校主管学生心理工作的职能部门，如学生辅导中心。

处理的基本流程如下所示：

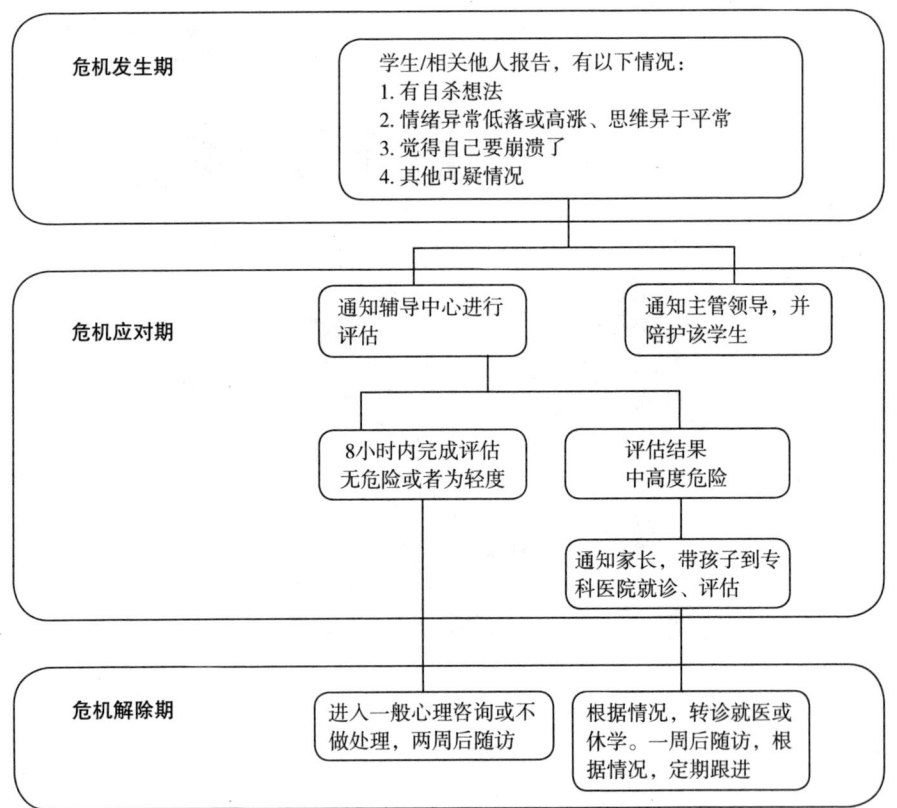

第五部分 关于具体处理

 量化评分时的常见问题有哪些?

心理老师或者其他老师在做风险评估时，一般会向学生询问一些问题。这些问题通常是结构性的。总结起来，主要包括以下十个问题：

问题一：你很想立刻就结束自己的生命吗？

问题二：你计划怎么结束自己的生命？你将如何实施？

问题三：你现在想活着的愿望有多强烈？

问题四：你每隔多久就会有自杀的念头？

问题五：当你有自杀的想法的时候，一般会持续多长时间？

问题六：你是否曾经实施过自杀？什么时候？

问题七：你是否曾经写过自杀遗言，或者你是否计划写自杀遗言？

问题八：有什么特别的事情发生让你觉得生命这么不值得留恋？

问题九：有没有什么人或事能够阻止你自杀？

问题十：你有什么亲密的朋友吗？你觉得孤独吗？

如何与家长沟通关于危机学生的情况？

首先，应决定由谁向家长说明情况。这个人是很重要的，一定要慎重选择，通常家长比较容易与他们已经有一定信任程度的教职员工进行沟通。在学校中，一般来说，这个人常常是班主任。在面谈中，如果除了班主任，学校的高层人员或者是专业人员也参加讨论，可能会帮助家长更好地理解事情的经过。在和家长沟通之前，应该尽可能地搜集所需资料，如家庭背景、成员关系、沟通时可能会面对的困难、学校之前和这个家庭沟通的情况等。学生辅导部门也应该预先准备可以提供给家长的本地资源，如辅导热线、社区服务机构等。

在具体陈述有关危机个案的信息时，要考虑到家长可能难以接受的情形，应该避免过于直接的告知。可以尝试用问题邀请的方式，请家长表达看法，例如可以询问家长：您是不是也跟我一样关注到相同类似的情况？您在家有没有发现孩子有刚才所说的那些变化？家长对此类事件常常都会有回避的心态，因为他们也需要处理面对此类事件的焦虑和无力以及挫败感。因此，学校工作人员在和家长沟通这一类事件时也应该同理家长，给予家长消化有关消息的时间，同时也要避免让家长绝望，在沟通时以提供正面和解决问题为主的讯息，以让他们感到希望和得到支持。同时，也要传达出学校将继续跟进和了解学生情况这一重要的信息，以增强家长对学校的信任，促进家长与学校配合的意愿。

当提出转介建议,但家长拒绝时,该怎么办?

家长拒绝学校的转介建议,通常都是有原因的,可以根据这些原因,有针对性地去解决问题。最常见的原因是,家长觉得孩子的问题并非像心理老师说得那么严重。在这种情况下,要强调转介并不意味着孩子的问题很严重,只是需要家长带孩子到专科医院做更全面的评估,以便帮助家长和学校更准确地了解孩子的问题,如果专科医院做出的是有问题的诊断,那么开展相应的治疗,有利于解决孩子的问题,学校和心理老师也可以据此提供更具针对性的支持;专科医院也有可能做出没有问题的诊断,这也给学校提供了另外的工作方向。

另一种较为常见的原因是,家长担心如果接受转介,专科医院又给出明确的诊断,学校会以此为理由,拒绝孩子继续上学。针对此种担心,可以告知家长,除非专科医院非常明确地表示,问题已经严重到了不适宜上学、需要先治疗的地步,否则学校是不能也不会以此为理由不允许学生上学的。

其他可能的原因还包括由于家庭问题,父母没有意愿或者能力配合,如父母离异再婚、重组家庭或者经济困难,这就需要学校付出更多的努力,必要时需要与家庭所在社区合作,以使问题获得良好的解决。

案例

高三学生小芳因为上课经常睡觉和爱哭,被班主任转介到学校心理老师处。咨询中心心理老师发现,除了班主任反馈的那些表现,小芳还有自残的行为。综合咨询中小芳的表现,心理老师怀疑小芳很可能患有抑郁症,在征得小芳同意的情况下,心理老师联系了她的母亲,建议其母带小芳去专科医院进行检查。在面谈中,小芳的母亲表示会带她去专科医院。但实际上,三天后心理老师随访小芳时得知,她母亲并没有带她去专科医院。

如果你是心理老师,你会怎么办呢?

在这个案例中,其母拒绝带小芳去专科医院的原因是综合性的,既有担心如果医院诊断出抑郁症，学校会拒绝让小芳参加高考；也有现实的经济原因，小芳母亲是个单亲母亲，靠做缝补的收入养育两个女儿，担心无力支付专科医院的治疗费用。针对第一种担心，心理老师和小芳的母亲讨论了去不去专科医院对高考影响的利弊，帮助小芳的母亲认识到，尽早诊断，尽早治疗，才能真正帮助她的孩子在高考中取得理想的成绩，而如果回避问题，表面看起来孩子可以参加高考，可是实际上孩子的学习状态和效果都是不好的，结果也是可想而知的。针对现实的经济原因，心理老师将问题分解为两步：先去评估和诊断，这部分费用是母亲可以承受的；如果诊断后的治疗需要较多的费用，学校将启动IEP计划提供一定数额的救助，也可以通过驻校社工联系其家庭所在社区提供必要的救助，鼓励小芳母亲先迈出第一步。

为什么要针对危机个案召开联席会议?

召开风险等级较高个案的联席会议,是学校危机预防流程中的一项重要工作。

召开联席会首先利于各方了解和沟通关于风险个案的信息。因为各自角色的不同,父母、班主任、心理教师都只能观察和了解到当事学生的部分信息,通过充分交流不仅利于各方修正视角导致的局限,也利于各方后期合作解决问题。

联席会也是学校履行安全责任的方式之一,通过联席会这种形式,学校告知家长有关当事学生的重要异常事项、学校针对这些异常已经采取的保护性措施,以及此后将会采取的保护性措施。

联席会也利于促使监护人更加重视当事学生的问题,以更积极的态度实现家校合作,降低学生风险。

危机个案的联席会议具体如何操作?

在自杀风险评估中,如果学生的风险等级在中等风险及以上,召开联席会就是必要的措施。联席会通常由负责学校学生工作或者安全工作的副校长主持,除了学生的监护人双方到场之外,学校的班主任、心理辅导教师、辅导主任、学生处主任、安全主任等这些与学生教育、学生安全相关的教师都需要参加。家长通常由班主任负责通知,校内人员由行政职能部门通知。

家校双方列席的联席会议内容主要包括以下几点:

(1)通报学生的危机情况,学校各方及家长互通学生的相关信息,并签署家长告知书(可参见附录7:关于××同学情况的家长告知书)。

(2)督促学校各方、家长加强风险意识,校内外做好安全防护措施,提高家长对孩子可能存在情绪障碍的正确认识,建议家长带孩子及时前往本地综合医院心理科或者专业医院进行评估,并向学校反馈评估情况。

(3)针对孩子的情况,表明家校合作的立场,改变家长因为担心可能被学校退学或者孩子情况泄密所带来的抵制情绪。

(4)制订联合教育计划,学校教学、学生管理、班主任、学科教师联动,为孩子提供适合其情况的个别化教育计划。

因为联席会议除了具有多方沟通信息的功用,还具有学校告知监护人关于学生现状所具有的风险等级,以做出必要防范的功用,所以通常也会准备三份《安全风险告知书》。《安全风险告知书》并无固定的格式,主要包含以下几部分内容:描述学生在校期间的具有风险意义的行为,以及学校已经做了哪些工作为学生提供支持帮助,防范风险;完成转介建议,建议监护人尽快带学生去专科医院完成评估诊断,以保证学生人身安全;明确告知监护人,在学生未得到治疗以及治疗期间,学生在校期间的人身安全风险等级,学校可以提供的安全保护措施及监护人需要承担的责任。

心理老师如何跟进班主任报告的预警个案?

一、了解基本信息

当班主任报告预警个案时,心理老师首先需要向班主任收集尽可能多的关于个案的背景材料,包括入校时间、日常表现、人际关系、家庭情况、触发危机的现实因素等。如果班主任对这些信息掌握得不够全面,可以建议班主任联系科任老师、家长、班干部或者跟该生关系比较好的同学了解情况,尽可能掌握该生更多的信息。给予班主任一些关注该生的具体指导意见,既做好风险防控,也要尽可能提供更多的支持,如为该生提供同辈的人际支持,安排学生做好日常的低调关注,协调各科目老师适当调整对该生的课程及学业要求,利用恰当的机会给予更多的正向评价,创造更多的机会,让该生参与到班级事务中,增强自我效能感。

二、创造面询机会,建立关系,进一步评估

了解基本的资料后,心理老师可以与班主任沟通,让班主任建议该生或者由班主任带该生前来与心理老师见面。这个过程中,如果班主任老师有顾虑,或者认为该生可能会抗拒,心理老师可以和班主任讨论具体邀约的谈话技巧,如班主任可以向该生做如下表达:

(1)班主任刚刚发现预警信号,先尝试沟通。(你最近看起来好像有些闷闷不乐,是不是出什么事情了,你愿意跟我说说吗?)

(2)班主任老师发现预警信号,尝试沟通,但是沟通不畅,或者预警信号比较严重,需要心理老师进行专业辅导。(我想你内心可能是很痛苦的,不知道我可以为你做些什么,或者我们一起去寻求专业人士的帮助,你觉得可以吗?)

当该生不愿意接受班主任的转介时,心理老师可以利用自己的课堂、学校

的主题活动或者找到与该生关系比较好的老师，争取与该生面谈。

首次面询的主要目标是与预警学生建立关系，对其进行初始评估。

三、由班主任联系家长

联系家长时，需要做的工作包括告知家长在校发现的预警信息、了解更多的家庭信息、评估家庭支持系统、建立家校合作关系以及给予相应的家庭教育建议等。最好由班主任联系家长，告知学生在学校的异常表现，建议家长主动与心理老师联系。因为班主任与家长联系比较密切，如果由心理老师直接联系家长，一方面，容易给家长带来过度恐慌；另一方面，也容易造成家长的防备心理，毕竟很多家长对心理健康还没有客观、科学的认识。

心理老师在与家长首次见面沟通时，建议采取的表达方式为："您好，我是学校的心理老师×××，班主任×××老师之前与我反馈了孩子近期在学校的一些不寻常表现，我们觉得他可能遇到了一些困难，想跟您进一步了解学生在家里的情况，以便我们能在学校给予孩子更好的支持。"这一表达主要是为了向家长传递支持，以及表达家校合作的意愿，消除家长的担忧或防备心理。如果预警个案信息比较紧急，则需要调整前面的顺序，第一时间联系家长。

四、根据情况决定是否转介

如心理老师对个案的评估风险较高，需要与家长沟通，对该生进行转介。心理老师在做出转介建议的同时，最好也能提供多元的资源供家长参考。这就需要心理老师能对学校外的社区资源有一定的了解，如有机会，可积极主动与能提供帮助的社区资源建立合作关系。

五、召开危机联席会议

如果心理老师做出了中等及以上风险的评估，应发起召开家校联席会议。在会议之前，心理老师需要综合前期面询情况、班主任及家长提供的信息，形成整体的评估报告，报告中既包括风险等级的评估，也包括学校教育因素的评估，如学业要求、同伴关系以及教师可以提供的支持等。

六、随 访

　　心理老师对于预警学生需要定期随访，建议每两周一次，如果风险等级较高，需要每周一次。并向家长及班主任了解情况，保持沟通，给家长及班主任提供一定的专业指导和支持。

如何跟进学生报告的预警个案？

与跟进班主任报告的预警个案相比，跟进学生报告的预警个案，流程的主要差异在于对于报告预警信息的学生的工作。

一、做好反馈信息同学的安抚工作，了解具体情况

当有学生向心理老师反馈预警个案时，主要做法如下：

（1）心理老师首先需要评估反馈信息学生的情绪状态，如果反馈信息的学生自身对这一事件有很强的恐惧或者担心，心理老师首先需要安抚该生的情绪；如果该生跟预警学生的关系很好，心理老师则需要处理该生可能因为反馈而产生的涉及告密或背叛的内疚心理。

（2）心理老师需要评估学生反馈的预警信号的有效度，因为当青少年发现周围的伙伴有异常的举动时，有的可能出于恐惧或者好奇的心理，会夸大一部分信息，所以，心理老师在了解情况时要问得特别具体详细，如何时、何地、具体有哪些行为表现或者言论，当时有什么样的语境等。如果是较为熟悉的同学，可以进一步了解预警个案中的同学平时在学校的表现及与同伴交往的情况等。

二、预警个案处理流程

此后的流程参见前一节《心理老师如何跟进班主任报告的预警个案？》。

案例

某校心理老师接到任教班级的同学电话，该生反馈她同班的好朋友静静最近情绪很低落，总是不停地询问她"生命的意义是什么"。但是不管她说出什么答案，静静都会说她的生命是没有任何意义的。该生很担心她，于是向心理老师求助，如何才能更好地开导静静。心理老师随即在电话中询问了静静的详

细情况，包括家庭状况、亲子关系、睡眠、行为表现、最近是否有什么特殊事件等。该同学反映静静与父母的关系很紧张，班上的好朋友也不多，平时比较内向。心理老师询问该同学是否愿意协助老师做静静的工作，让静静与心理老师见面沟通，该同学表示很想帮助她。随即心理老师与该同学讨论了与静静沟通的具体内容，如："我很担心你，但是不知道如何才能更好地帮助到你，我觉得可以让学校的心理老师帮忙，她很专业，也会保密，也许她对你的问题会有更好的解答，我可以陪你一起去。"下午放学后，该同学陪静静来到心理老师的咨询室。

如何跟进学校其他同事报告的预警个案？

与跟进班主任报告的预警个案相比，跟进其他教师报告的预警个案，流程的主要差异在于对于预警信息确认和梳理的工作。

一、具体情况、基本信息、课堂观察

其他同事报告预警个案时，有的是基于课堂上的观察或者是作业、周记中有预警信号的表达，也可能是有同学报告给该同事。针对同事的反馈，心理老师要尽可能了解一些细节信息，如果是其他学生报告的信息，心理老师可由同事引荐，向该同学了解情况。如果同事是预警学生的任课教师，心理老师则需要给同事提供一些关注该预警学生的具体指导意见，既做好风险防控，也要尽可能提供更多的支持，如为该生提供同辈的人际支持，安排学生做好日常的低调关注，协调各科老师适当调整对该生的课程及学业要求，利用恰当的机会，给予更多的正向评价，创造更多的机会，让该生参与到课堂学习中，学校任课教师可以激发该生在科目学习上的积极性与主动性，有利于建立良好的师生关系，从而为预警学生提供良好的人际支持系统。

二、预警个案处理流程

此后的流程参见《心理老师如何跟进班主任报告的预警个案？》一节内容。

 案例

某学校心理老师接到学校地理老师的报告，她所任教的班级有一名女生很喜欢她，也因此很喜欢上地理课，地理成绩一直名列前茅。地理老师也有意给她提供各种参与地理学科的学生活动。在最近的一次沟通中，该女生情绪低落，向地理老师表示最近频繁产生不想活的念头，虽然以前也有过类似念头，但都是一闪而过，这次居然有了想付诸行动的冲动。该女生请求地理老师一定

要为她保密，因为她不想让其他人知道。地理老师了解到信息后，第一时间报告了心理老师，并求助该如何对该生进行干预。心理老师建议这位地理老师带学生来咨询室，地理老师说有提过此建议，但是学生不肯来，说不认识心理老师，不愿意跟陌生人说话。心理老师随即询问可否转给班主任，地理老师回应说，也提过此建议，但是该生觉得班主任一直对她有偏见。在考虑了各种可能性，暂时都无法直接干预和评估后，心理老师对地理老师做了关于风险评估的基本培训，并让地理老师尽量与孩子沟通，建议其转介就医或者是前往社会咨询机构接受专业帮助。地理老师利用良好的师生关系，最后成功做通该生的工作，该生也愿意地理老师将她的情况与其父母进行沟通，该生随后在专业医院评估的结果为中度抑郁，风险等级较高。

如何跟进家长报告的预警个案?

一、收集家庭基本信息、生活作息信息、在家的主要行为表现

当家长反映孩子有预警信号中的情况时,心理老师可以向家长详细了解家庭的一些基本信息、孩子的生活作息习惯、同伴关系、在家近期的一些异常表现以及有无现实刺激因素等。作为家长,如果能主动反馈预警个案,往往是因为自己对孩子已经很无助,或者自己曾饱受过情绪的困扰,或者孩子在家的异常行为信号已经很明显,家长这时主要的诉求在于寻求专业的帮助,但是并不代表他会说出全部信息,而他想隐瞒的、不方便说的信息很有可能是诱发危机的主要因素。如果家长是通过电话的方式进行反馈的,心理老师在表达完可以给予支持的信号后,要尽可能促成家长到校面谈,因为面询比电话沟通更能发挥心理老师同理、共情、以人为本的专业素养,更好地建立信任关系,获得的信息才有可能更全面、真实、详细,同时也能更好地评估家庭的教养风格,为后期评估孩子的情况做参考。

二、联系班主任收集在校信息

个案情况不紧急时可以与班主任取得联系,一是反馈预警信息,二是了解学生日常在班级的表现,包括学业状况、人际关系、性格特质等。也需要向班主任了解该生家庭的基本信息,因为班主任有可能掌握该生的家庭信息,学生对于家庭的感受与家长反馈的可能有所出入,差异性感受常常包含有解决问题的线索,为后面的家校联动做参考。还需要了解触发预警的现实因素等。除了上述信息沟通以外,还应该给予班主任跟进个案的一些具体指导方法,如提供同辈的人际支持、安排学生做好日常的低调关注、协调各科教师适当调整对该生的课程及学业要求。如果个案情况紧急,则需要提醒班主任加强风险意识,做好班级的安全预防措施。

三、寻找机会约谈，并建立关系进行评估

可以由家长或者班主任建议，与孩子进行面谈咨询后，再进一步做相关评估。如果孩子抗拒，心理老师可以建议家长寻求校外社区资源的帮助，如社工、心理咨询机构。心理老师需要定期与家长保持沟通，了解校外评估及就医情况。

四、根据情况决定是否转介

如心理老师对该生的评估风险较高，需要与家长沟通，对其进行转介。心理老师在做出转介建议的同时，最好也能提供多元的资源供家长参考。这就需要心理老师对学校外的社区资源有一定的了解，如有机会，可积极主动地与能提供帮助的社区资源建立合作关系。

五、召开危机联席会议

对于家长自己报告的个案，因家长已有足够的安全风险意识，联席会的主要目的是提供情绪支持和转介资源支持。

六、随 访

心理老师对于预警学生要定期随访，建议每两周一次，如果风险等级较高，需要每周一次。向家长及班主任了解情况，保持沟通，给家长及班主任提供一定的专业指导和支持。

如何跟进心理老师咨询中发现的预警个案？

 案例

高一学生小黄以人际关系问题为由预约了咨询。咨询过程中，心理老师听小黄说了好几次"其实这个世界上并没有谁真的在意有没有我这个人"。心理老师觉得小黄的问题不是一般学生的人际困扰，并和她仔细讨论了这句话。在讨论过程中，小黄逐渐敞开心扉，真实表达了自己的想法，从初中父母离异后，她总是觉得很难交到朋友，孤独地度过三年初中生活后，一想到高中三年也要这样孤独，她就觉得很恐慌，觉得活下去没有什么意义，经常会想到死，还去网上查了哪种死法痛苦会小一点。

案例中心理老师通过学生的言语信息判断出学生有自杀的念头。另外，有些时候，来访学生会很直接地告知心理老师自己想自杀。这些个案的处理，按照以下流程进行：

一、初始评估

心理老师需要对学生的风险等级进行评估，主要评估维度可参考自杀评估分类五步法或者自杀风险评估量表。一旦评估为风险个案后，心理老师需要跟学生讨论关于咨询中的保密例外原则。

很多学生不愿意让父母知道其自杀的想法或者行为，原因多种多样，心理老师要跟学生针对原因具体讨论，促使学生愿意将实情告知父母。心理老师也要传递对学生的理解和支持以及提供协助的意愿。具体到，如果跟家长反馈他的情况，除了有自杀的想法这个最重要的事实之外，还有哪些内容是可以谈的，谈的时候需要注意些什么……

通过和学生讨论，既可以帮助学生缓解告知父母的担心与焦虑情绪，也可以更多地了解家长的个性、家庭养育方式及家庭其他信息，为个案在后续的跟进处理做好准备。

如果评估结束时，没有即时风险的学生仍旧不愿意将事情告知监护人，建议咨询结束时与学生签署不伤害协议，虽然协议从法律角度讲没有效力，但是向孩子传递了被支持的信息，提供了有困难时可以对其帮助的资源，有效降低了再次咨询前及告知监护人之前的"空窗期"学生的风险。

二、联系班主任、家长，告知危机情况

个案情况不紧急时，可先与班主任联系，了解学生日常在班级的表现，包括学业状况、人际关系、性格特征等；家庭的基本信息；触发预警的现实因素等，给予班主任跟进个案的一些具体指导方法，如提供同辈的人际支持、安排学生做好日常的低调关注、协调各科教师适当调整对该生的课程及学业要求。

如果个案情况紧急，则要第一时间联系家长，需要做的工作包括告知家长在校发现的预警信息、了解更多的家庭信息、评估家庭支持系统、建立家校合作关系以及给予相应的家庭教育建议等。由班主任联系家长，告知学生在学校的异常表现，建议家长主动与心理老师联系。

三、召开危机联席会议

综合面询情况、班主任及家长提供的信息，心理老师应形成整体的评估报告，报告中既包括风险等级的评估，也要包括学校教育因素的评估，比如学业要求、同伴关系以及教师可以提供的支持资源等。如果个案的风险评估等级较高，或者已经在外接受咨询及治疗，心理老师需要将个案结束校内的咨询关系，而改为定期的访问沟通。家校联席会议后，如果家长不能促成孩子就医或者在校外接受咨询，心理老师可以进一步开展工作，促成孩子积极治疗或者前往专业心理咨询机构接受专业系统的咨询。

四、随 访

心理老师对预警学生需要定期访问，建议每两周一次，如果风险等级较高，需要每周一次。向家长及班主任了解情况，保持沟通，以给家长及班主任提供一定的专业指导和支持。

如何跟进周记或者绘画中展示出的预警信息？

案例

新闻报道，2018年4月25日中午，在长春市某中学教学楼东北侧位置发现两名女生坠楼。经公安部门走访老师和整理死者生前遗物发现，两名死者在一个笔记本上写有相约一起跳楼的记录。经刑警现场勘查，排除他杀，系自杀。

在很多青少年自杀案例中，在事后的调查中都会发现，自杀的青少年在其生前，都会通过多种方式传递其想要终结生命的想法，其中，周记或者绘画作品是常见的表达形式。周记中的表达多数是用消极语言来描述，如"生无可恋""多希望这是我生命中的最后一天"等，而绘画作品的表达则比较隐晦，解读绘画信息需要系统学习绘画投射技术，但是即使没有专业的学习，如发现一些特殊的标记，也需要特别关注，比如骷髅头、树上悬挂小人、树冠被砍断、画面有很多描黑部分等。

针对周记或者绘画作品中的预警信息，心理老师可考虑从以下几方面予以跟进：

一、联系班主任，根据笔迹确定对象，上报主管领导

如果学生在周记或者绘画中有预警信息出现，其实就是一种很强烈的求助信号，他（她）希望被看见，获得帮助。如果他（她）的信息没有得到回应，或者回应等待的时间很久，则容易让他（她）产生进一步绝望的情绪，提高其风险等级。所以，对这一类预警信息，要格外重视。如有发现，需第一时间联系班主任或者该学科老师，根据笔记或者画风确定可能的目标，并尽快与之取得联系。

二、收集在校及家庭信息，安排第一次面询、评估

锁定目标对象后，可以由发现的老师直接联系学生，可以参考的表达为："你好，×××，今天看到你作文中提及的一些事情，感觉你有些难过，不知你遇到了什么困难，我做些什么可以帮助你呢？"在得到回应后，可以由该老师与其沟通，转介给班主任或者心理老师来进一步跟进。

三、联系家长，反馈信息

如果个案情况不紧急，可先与班主任联系，了解学生在班级的日常表现，包括学业状况、人际关系、性格特质等以及了解家庭的基本信息、触发预警的现实因素等，给予班主任跟进个案的一些具体指导方法，如提供同辈的人际支持、安排学生做好日常的低调关注、协调各科目老师适当调整对该生的课程及学业要求。

如果个案情况紧急，则需第一时间联系家长，需要做的工作包括告知家长在校发现的预警信息、了解更多的家庭信息、评估家庭支持系统、建立家校合作关系以及给予相应的家庭教育建议等。

四、预警个案处理流程

此后的具体流程参见《心理老师如何跟进班主任报告的预警个案？》内容。

作弊学生是预警学生，该怎么办？

监考过程中，如遇到作弊学生是预警学生，现场可低调中止其作弊行为，待考试结束后，建议参考以下流程处理：

一、联系学校心理老师或班主任

如果考生在考后情绪反应比较强烈，如哭泣不止、苦苦哀求，表现得特别恐惧，监考老师可以先安抚其情绪，联系该生班主任及学校心理老师，陪伴其直到班主任或心理老师到现场为止。

二、倾听，共情，了解行为背后的原因

心理老师在处理这一类个案时，咨询师身份和教师身份会出现较大的冲突，学生也会先入为主地把心理老师当作老师来看待。由于学生违反学校纪律在先，所以在谈话之初的防御心理会比较突出。心理老师首先要运用倾听、同理、共情等基本的心理技术化解这些防御，让学生感受到你跟其他老师的不同，你是可以信赖和给予他（她）帮助的人，他（她）才愿意进一步跟你分享他作弊行为背后的原因，这样才能进一步分析他（她）真正的问题。

三、化解可能的心理恐惧，与个案讨论可能要面临的结果

初始咨询的前半段主要是建立关系，而后半段的重点则需要跟学生讨论他（她）对于作弊行为产生的后果的担心情绪。学生作弊被发现后，主要担心的就是被告知家长、受学校处分，以及周围同学知道后对他（她）的评价。学生对于告知家长的担心主要是怕被家长严厉地惩罚或者是觉得让父母很丢脸、让父母很失望等。因此，在告知家长的问题上，心理老师需要根据已掌握的信息，与学生沟通，了解如果父母知道后，该生认为可能会有的反应。这些信息的获取，一方面有利于帮助学生消除恐惧心理，另一方面也有利于学校评估家

庭支持系统是否完善，为学校日后跟进该预警个案提供参考。除了父母以外，学生担心的还有学校对作弊学生的处分，以及周围同学知道后对其的评价。学校在处理这类情况时，需要考虑到同伴、环境等很多不可控因素，所以，一般建议适度处理，同时在给予相应处分时，给予学生日后改进和撤销处分的希望。

四、联系家长

联系家长到校沟通应由班主任来完成，班主任电话联系时，不用直接告知因何事情约谈。可采用比较婉转的方式约谈家长更有利于取得良好的沟通效果。有的家长性格比较急躁，还没有与学校进行充分沟通，放下电话就把学生批评一顿，这很容易引发学生的过激行为。家长到校后，心理老师和班主任可以与家长一起沟通，给予家长针对此类情况的家庭教育方面的指导。

五、与学校相关部门、班主任联合会谈

心理老师需要给学校相关部门提供相应的评估结果，如负责学生日常行为管理的学生处，以便其在后续行政处理时做酌情参考。一般考虑到该生预警的情况，在公示通报时也尽量半匿名，不宜大张旗鼓进行点名通报。班主任在事件处理后，也要低调关注该生的情况，如果有学生已经知道此事，班主任需要与知晓此事的学生进行沟通，让他们做到不传播、不评价。

案例

小冰在一次期中考试中，携带手机进考场。考试中，监考老师发现了，并没收了其手机，同时在考场情况单上做了记录。

考完试，小冰找到监考老师，声泪俱下，苦苦哀求监考老师把手机还给她，并希望不要做记录，声称自己并没有作弊。监考老师核对了基本信息，发现小冰是学校心理健康筛查中的预警学生，他随即将小冰带到了监考室，并迅速联系了小冰的班主任。

小冰的班主任赶到考场，安抚了一下她，班主任建议小冰到心理老师办公室寻求专业的帮助，小冰在班主任老师的陪同下来到了咨询室。

班主任离开后，心理老师询问小冰，知不知道考试期间是不允许带手机进场的考场规定，小冰说知道，自己是不小心带进去的，而且自己并没有拿出

手机做出抄袭行为。心理老师随即询问说:"老师可能有些困惑,既然你知道不可以带手机进考场,当发现自己不小心带手机进去,而又没有抄袭的意图,那为什么没有主动交给老师呢?""我觉得自己可能生病了,我现在在学习和考试的时候会特别焦虑,必须手要不停地摸东西,平时学习的时候,手机在身边,就摸手机,摸习惯了,一旦不摸,心里就发慌,很烦躁,什么都做不下去。我上个学期就跟妈妈说过,让她带我去看心理医生,可她觉得我是在为玩手机找借口。"随着咨询的深入,心理老师了解到她因为学业压力太大,已经有明显的抑郁和焦虑情绪。

咨询中,心理老师安抚了她的情绪,跟她共同讨论可能会有的处分,如果有处分,她最担心的是什么,如何跟她妈妈来沟通她的事情等。咨询临近尾声,小冰已经比较能接受给予的通报处分,而她最大的担心是不想被太多同学知道,事后心理老师也向相关部门出具了小冰的评估报告,建议通报批评采取匿名的方式,学校也采纳了这个建议。

在后续与小冰母亲的沟通中,心理老师反馈了小冰同意告知的部分信息,并就小冰母亲如何处理这件事提出了专业意见。心理老师告知小冰母亲小冰可能存在的风险,建议小冰母亲及时带其前往专业医院评估,并及时向学校反馈评估情况。

有人匿名在学校网络平台发布求助信息，该怎么做？

当在学校网络平台发现不明来源求助信息时，建议采取以下干预策略：

1. 上报主管领导，联系网警，根据IP地址，锁定地点

根据网警提供的社交软件的注册信息等，同时查阅学信网，来排查是否是在校学生。

2. 排查期间，保持互动，给予求助者关注和支持

在排查过程中，安排学生在网络上与发布求助信息的人保持实时互动，给予求助者关注和支持，一方面可以为确定求助者争取时间，一方面可以牵制求助者，尽量避免发生极端事件。

3. 对本校学生与非本校学生的处理

在锁定求助者后，如果该求助者为本校学生，可以联系监护人到校，启动危机干预流程；如果该求助者不是本校学生，先由本校心理老师做应激干预，通过校际网络，联系所在学校，等待所在学校相关人员及监护人到场。

4. 对社会成年人的处理

如果求助者非学生，是社会成年人，可由学校的心理老师做应激干预，同时联系辖区派出所和当地社会心理援助机构，做出相应的转介处理。

案例

A校学生德育处老师从另外一所学校的心理老师处获得一则预警信息，该信息由其所在学校的学生反馈。据该同学描述，他在网络上认识一个网友，疑似A校的学生，在QQ空间发布想要自杀的消息。该同学并不认识这位网友，经沟通劝慰后，感觉效果并不明显，于是求助心理老师，咨询该如何做才能帮到该网友。

该校心理老师迅速将信息反馈给A校的德育处老师，一方面，德育处老师将该同学提供的网友空间里的自拍照发给心理老师以及各年级负责人，安排迅速排查；一方面，拨打110报警，网警接到报案后，迅速锁定其IP，查到该学生的学号信息，并提供给学校。学校管理学生信息的老师马上登陆学信网，输入学号查询。经证实，该同学并非该校学生，而是附近一所初中的在读学生。

A校的心理老师在获得这一信息后，迅速将相关信息反馈给那所初中的心理老师。事后，经了解，确认该同学目前处于重度抑郁治疗中，已经有周密的自杀计划，并准备实施。因为干预及时，避免了极端事件的发生。

当预警学生的父母对预警信息不重视或者很回避时，该怎么做？

首先我们要分析父母的态度可能与何种因素有关。父母回避或不重视，可能有以下几种原因：

（1）孩子在家里有掩饰性行为，没有向父母表达过真实情况。

（2）父母对于孩子的情绪等问题，存在认识上的误区，不能科学地看待。

（3）父母存在侥幸心理，认为孩子的行为有吸引注意力或获取权利的目的。

（4）父母对于孩子的问题，比较害怕和焦虑，不知道如何应对。

（5）父母可能会担心学校出于安全等方面的考虑，拒绝孩子上学。

心理老师在与家长沟通的过程中，要确定其态度背后的原因，同理和共情其父母的感受和情绪，才能推动持续有效的沟通。

如果在沟通后，家长依然持不重视或回避的态度，心理老师可提议召开家校双方的联席会议，邀请主管校领导、班主任、年级负责人、学生安全负责人、家长出席，在会上汇总各方信息和提出相应的建议，与家长签署家长告知书，告知书中可包含学校已掌握的信息、已启动的措施，后续可能提供的支持；提醒家长可能存在的风险，以及相应的家庭教育建议。用书面的方式，提高家长对此事件的重视程度，督促家长配合学校，提供有利于降低风险的家庭支持。该告知书一式三份，学校存档一份，心理老师留一份，家长留一份。

班主任在跟进预警学生时需遵循什么基本原则？

很多学校在新生入学后，会对全体新生进行心理健康测评，在心理测评的有效量表中，有个别学生的测试结果显示其在学业、人际、生活适应等方面有较为明显的问题，成为预警级的学生。班主任在日常班级管理中跟进预警学生时，建议遵循以下基本原则：

一、保密原则

在目前这个阶段，预警名单上的学生的求助动机未必很强，一般比较介意其他人知道他的真实状况。测试结果的异常部分对他们本人也是不可见的。老师需要对这些学生进行一定的保护，不要在公共场合谈论这些学生。一旦这些学生知道他们被预警，难免对自己或被别的同学"贴标签"，这很可能成为一个新的刺激事件，有可能提高危机风险程度。

二、低调关注

关注包括对其基本的家庭状况、既往病史、学习、人际适应情况等相关信息的了解，也包括对已经观察到有需要的同学提供必要有效的支持。如有的同学在人际适应上有困难，可以安排有能力、有意愿帮助他的同学，给其提供人际支持。

三、跟　进

如果班主任观察到预警名单上的学生并没有什么异常表现，适应情况都还可以，暂时不用为其特别做什么事情，但是要依然建议持续关注。因为进入预警名单的学生相对于其他学生，可能在适应能力、认知水平、心理承受能力等方面会比较弱势，所以，一旦后续有新的压力事件刺激，他们发生心理危机的概率会高一些。

四、组织多元活动，促进班级融合

组织多元活动，可使班级内人际支持系统变得良好，班级氛围融洽，一方面，有利于帮助学生应对进入新环境中遇到的各种挑战；另一方面，良好的朋辈支持，对于一开始就在学校生活方面有心理困扰的学生，可令其减少防御，提高其接受外界帮助的意愿，从而降低风险系数。

如果你是学科教师，可为预警学生提供怎样的支持？

学生在入学初始阶段，面临着学业、人际、生活等方面的诸多挑战。小升初或者初升高，学生在学业上需要完成学习思维、学习习惯等诸多转变。成为预警个案的学生，无论是在入学前，还是在入学后均会出现种种不适，这意味着他比一般的学生适应力稍弱，需要更多成人的帮助，特别是学校老师的帮助。对于这样的学生，学科教师首先要掌握学生的出勤情况，一旦学生缺席应记录并立即通报。老师可以充分利用自己的课堂，低调观察此类学生在课堂上的表现，挖掘其闪光点，给予其积极肯定，帮助其建立自信，培养其学习兴趣及良好的学习态度，并协助解决学生的学习困难。学科教师的有效教学及多元评价，可以赢得学生的信任，为学生提供求助渠道。有时，心理老师和班主任未必是学生信赖的人，如果该生与学科教师的关系良好，在心理教师的专业建议下，学科教师同样可以开展积极有效的危机干预工作。学科教师可以在日常的教学中渗透心理健康教育理念，同时，学科教师可以将课堂上观察到的信息及时反馈给班主任、心理老师，为他们在日常跟进该生提供参考。

 案例

白老师是某校初一年级的桥牌选修课老师，他在课堂上观察到有一名男生总是形单影只，偶尔也会在课堂上发出一些怪声，扰乱课堂秩序。对于别的学生的发言，也经常会出言抨击。

白老师将课堂的观察反馈给班主任，才知该生是学校心理健康筛查中的预警学生。白老师提议班主任跟心理老师一起就这名学生的情况进行沟通，看看可以做些什么来更好地帮助该学生。

白老师列举了他观察到该学生的特点和优势：他很喜欢桥牌，逻辑思维能力很强，人际沟通能力较弱，心智发育水平比同龄孩子低，情绪自省能力不足。他虽然很想融入小组，却缺乏技巧，有些自卑，但是会用夸张的行为来掩饰这种自卑。针对这些特点，心理老师解读了这些行为背后可能存在的心理需求，如他很需要被关注、被肯定；在人际交往方面需求强烈，很想融入集体生活，但需要成人给予人际交往方面的具体指导和帮助。

基于心理老师的分析和专业意见，白老师在课堂上，利用多元化的教学方法，进一步激发了该生对于桥牌的兴趣，给他布置特殊作业，让他利用业余时间准备一个与桥牌技术有关的微型讲座，并协助老师备课。随着该生在课堂上参与度和投入度越来越高，该生的桥牌技术进步迅速，很快在同学中树立了威信，他对白老师也越发信任。白老师通过角色扮演的形式，进一步帮助他习得与人沟通的技巧，慢慢地，同学们也开始接纳他。

学期末，他还带领他的小组参加了市里的桥牌大赛，并获得了一等奖。

如果你是生活老师，可为预警学生提供怎样的支持？

作为生活老师，从安全风险的角度，日常工作中需要对预警学生进行低调密切的关注。如果发现预警学生有明显的情绪或者行为异常，应第一时间上报主管领导，同时通知学校心理老师或者驻校社工进行干预，在未移交给监护人之前，需要做到24小时陪护。

除此之外，生活老师也应做更多发展性、预防性的工作。如和学校心理老师、社工合作开展人际沟通互助小组，开展形式多样的活动，营造积极向上的宿舍文化。

特别是在新生入学阶段，很多学生没有群体生活的经历，缺少群体生活的经验，生活老师应该通过以适应为主题的课程或者活动帮助学生尽快融入集体生活。心理学相关研究表明，在组织中的归属感和与人的链接感可以减少青少年心理危机的产生。同伴关系之所以如此重要，是因为青少年对于自己的不确定和焦虑所致。他们缺少清晰确定的人格和可靠确定的同一性，所以，他们需要朋友在身边，推动其社会化的发展。

大部分的预警学生在人际上呈现出共性的特点，他们有与人链接的意愿，但是缺少与人互动的主动性或者技巧，很多人较少与同学进行交往和沟通，内心封闭，不愿与人进行深度地交流，即使他们可以维持表面上与人的积极互动，但内心是很孤独的；他们往往过分关注自己的形象和别人的评价，在人际交往中过度关注自己的感受，他们常以自我为中心，人际交往能力缺乏，在学业、情感、生活上遭受挫折时，较难获得人际上的支持。如果能在住宿生活中找到好朋友，无疑会改善他们的心理健康状况。（可参看附录11：深圳中学2017—2018第一学年宿舍文化计划）

如果你是心理老师，可为预警学生提供怎样的支持？

心理老师为预警学生提供的支持主要包括以下几个方面：

1. 评估咨询

咨询前心理老师可以与班主任、任课教师、生活老师等尽可能了解学生的信息。首次咨询的重点是建立关系，传递可提供支持的意愿。

2. 与班主任沟通

对日常班级内可以给该生提供哪些方面的支持及注意事项，给出相应的专业意见。

3. 与家长沟通

向家长提供家庭教育及亲子沟通等方面的指导。

4. 与生活老师及其他科任教师沟通

反馈该生的需求，在日常生活及学习中面临的困难，给出相应的专业意见。心理老师与多方的沟通，主要目的是利用自己的专业评估，让该生生活中的成人能够更好地理解孩子行为背后的心理原因，促成各方联动，为该生创造适切的教育环境。

5. 转介

如该生不想在校内接受心理辅导或者该生的问题已经超过心理老师可以提供的咨询范围，心理老师应积极争取专业的社会咨询机构、精神卫生机构的支持，及时转介。如预警学生有就医评估诊断的需要，心理老师可以努力与专业医疗机构建立青少年就医绿色通道，在该生就医时，提供校内的基本情况及心理老师的心理教育评估意见。在特殊情况下，为保障就医效果，心理老师可陪同就医。

需要特别提醒的是，在转介前，应充分做好与家长和学生的沟通工作，尽可能降低他们对接受心理咨询的偏见。在推荐社会咨询机构之前，应该充分评估该社会机构的专业性，调研该机构在业界的口碑，同时与机构进行沟通，尽可能地安排有青少年咨询经验的咨询师为学生提供咨询服务。在学生咨询期间，如在校内情况进一步恶化，可定期与咨询机构的咨询师保持沟通，在遵循咨询原则的基础上，实现部分信息共享，为学校在校内为该生提供支持做参考。

6. 链接丰富的社区资源

为学生在请假或休学期间，提供可以与同龄人互动的多元渠道。

7. 定期随访

随访不但包括跟该生的定期咨询或随访，还包括与该生父母、班主任及其他老师的随访，重点了解学生近期的学业状况、在家里及校内的情绪及行为表现、同学关系、特殊事件等情况。

案例

初三学生小刚被专科医院诊断患有中度抑郁症。在寒假结束后返校的第一天，有同学向老师报告，小刚的状态和平时不太一样。班主任叮嘱小刚周围的几名同学，注意在课间关注一下小刚。第三节课的课间，同桌发现小刚走出教室，便通知了其他同学和班主任，并跟随着小刚。在小刚试图爬越五楼栏杆跳下去的时候，同学们及时拉住了他。随后赶到现场的班主任，陪伴小刚回到办公室，并联系学校的心理老师，为小刚及时提供了心理干预。在接下来的几天，学校心理老师对当时在现场为小刚提供了帮助的同学也进行了支持性的咨询。

小刚的幸运并不是偶然的。小刚首次在学校的心理咨询中表达了自杀的想法之后，他所在的学校就启动了危机干预流程，召开了危机处理联席会议。在这个会议上，班主任清楚地了解了小刚目前的状态，也清楚地了解了自己作为班主任需要做的事情。班主任将几名性格开朗、细心的同学安排在小刚周围，交代这几名同学如果感觉小刚和平时有比较明显的区别，要及时告诉老师。班主任也定期和学校的心理老师、家长联系，交流小刚的状况。正是因为清楚要做什么，具有了足够的安全预防意识，并坚持按照危机预防的流程做好了预案，在小刚身处危机时，才得到了最快最有效的保护。

预警学生是住宿生时，该怎么做？

预警学生是住宿生，可根据风险评估等级（低、中、高）程度，采取不同的干预措施。如风险等级较低，目前也无明显的异常情绪及行为，可根据其需要，提供更多的支持及增加保护性因素的措施。如低调观察、促进宿舍融合、教授其人际互动的技巧等。如风险等级为中或高，提请学校召集联席会议，与家长积极沟通，建议及时就医评估。在未得到专业医疗机构明确的评估诊断之前，可依据本地教育行政机关制定的学校安全管理的有关规定（参见附录4：《深圳市学校安全管理条例》实施细则），本着对全体学生及该生生命安全负责的态度，拒绝该生住宿。拒绝住宿除了有风险因素考虑外，还可以起到督促家长重视该生问题的效果。该生返校住宿前，需要再次召开危机联席会议，沟通治疗及近期恢复情况，心理老师需做进一步的风险评估。该生重新入住后，启动宿舍危机干预流程，加强生活老师对预警个案的低调关注，心理老师要定期随访。

案例

某校高三一名住宿生，晚上没有报告就自行离校，手机处于关机状态。学校发现后，紧急联系其家长，并四处寻找，同时报警。各方在凌晨4点多找到该生。该生表示心情不好，出来走走，不想受到别人打扰。第二天，该生正常上学，学校请求心理老师给予评估，家长向心理老师反馈，找到该生后发现其脖子上有勒痕，但是该生对勒痕闭口不谈。心理老师面谈后，发现评估风险较高，但是该生认为还有一周就高考了，坚持在校学习、住宿，不肯回家。

如果你是心理老师，知道从责任的角度来说应该赶紧送其回家，但是考虑到实际情况又不能强制，你该怎么做？

现实中这个个案的处理，学校同意让学生白天在学校上课，安排教师暗中加强监管，但学生的住宿请求被驳回，由其父母租住在学校旁边的酒店提供陪护，同时建议家长在孩子高考结束后带其尽快就医。

当一名住宿生被评估为高风险，且主要影响因素是亲子关系时，该怎么办？

有问题的孩子背后可能有一个有问题的家庭。所谓的危机，也即危险之中有机会，孩子出现极端想法和行为的同时，也为这个家庭和父母提供了改变的契机。毕竟任何父母都不愿看见惨剧的发生。当一个住宿的学生被评估为高风险，且导致风险的主要影响因素是亲子关系时，我们需要考虑的是，如果盲目地先将学生劝退回家，则风险有可能会更高。所以首先建议，将学生的风险评估情况上报主管领导，由主管领导牵头，召集校内各方召开联席会议，包括主管这方面工作的校领导、宿舍的主管领导、住宿办的老师、年级领导、班主任等，会上通报学生目前的风险情况及家庭情况，并就目前在校内可以降低风险的支持提供相应的建议。

这个会议让学校的各方角色，从整体上了解学生目前的风险情况，获得在工作中具体实施的支持措施，能够在未降低家庭因素导致的风险之前，主动承担起保障学生生命安全的责任。在学校落实了各项保障措施后，主要开展家庭教育的工作。召开家校双方的危机联席会议，出席会议的人包括主管这方面工作的校领导、年级长、心理老师、主管安全的主任、班主任等，会议上要告知家长，学校各方目前已掌握的信息、已采取的保障措施、风险信息的主要来源来自于家庭。与家长签署学校告知书，告知书中可包含该生的基本情况、学校目前的保障措施、后续可提供的支持以及家庭教育方面的教育建议。如果家长的风险意识依然不高，那么，告知书的措辞要更正式、严肃。在此情境中，联席会的主要目的即是调动学校的力量，促使家长加强风险意识，增加学校提出的家庭教育的建议被家长采纳的可能性。会议结束后，可与家长进行单独会谈，就家庭教育方面给出相关建议，给予具体地指导。并在后续工作中，持续跟进家庭教育方面的落实情况。

如何回应有自杀想法的学生？

自杀危机分为自杀意念、自杀计划和自杀行为。经过初步评估后，如果发现学生有自杀的念头或者意图，但是还没有具体的自杀计划，那么，心理老师可以表达你的关注，告诉学生你很关心他（她），如果他（她）需要，可以随时找你帮忙。在应对这一类学生的状况时，还需要引导学生找到良好的支持帮助，从他们过去的经验中找到成功克服困难的方法，增强他们应对困难的信心。

具体的技巧可以是制作自我保护卡片或者是自我保护清单，帮助学生理清思路，如当他（她）又萌生自杀的念头时，他（她）有哪些可以帮助自己克服困难的技巧，以及他（她）可以用哪些方法帮助自己。老师可以向他（她）提供相关的资源，如可以告知学生各个区的服务热线电话号码，也可以告知学生校内的驻校社工以及老师的办公电话和地点。

案例

初三学生小林，主动向心理老师报告，因为父母情感破裂和升学压力，常常感到头痛，很烦躁，还会失眠，在无法入睡的时候会想：既然活着这么痛苦，不如死掉。心理老师和小林讨论了做哪些事情可以让事情不发展到如此糟糕的情形，以及在最困难的时刻做些什么可以缓解自己的情绪，并且用自我保护清单的方式呈现了讨论的结果。

小林的自我保护清单

1. 当感到开始头痛时，就停止学习，如果是在课堂上，可以趴下来休息。
2. 告诉自己最信任的一个朋友自己真实的状况。
3. 承认偶尔睡不着也不是件多大的事，身边也有和自己一样睡不着的同学。
4. 烦躁时可以在自己的房间里摔装了半瓶水的矿泉水瓶，以宣泄不良情绪。

5. 直接在妈妈说爸爸的坏话时表示自己不想听到这样的评价,而不是忍着。

6. 实在睡不着觉的时候,可以起来画画。

7. 抚摸家里的宠物狗多多。

6. 给心理热线打电话。

7. 去学校心理咨询室找心理老师或者社工帮忙。

危机学生在咨询中，讲述了学校其他老师有违背职业道德的行为时，该怎么办？

当来访者向心理老师报告时，需要评估他（她）对心理老师的身份是如何认同的。青少年较难从专业的视角来看待学校的心理咨询工作，因此，多数学生在寻求心理老师的咨询帮助时，首先会把心理老师作为一个老师来看待，在咨询中如果涉及心理老师的其他同事有触犯职业道德的行为时，虽然此种情况不符合心理咨询保密例外原则，依然建议身为教师，先遵循保护未成年人安全第一原则，将情况上报学校。接下来的咨询重点是，心理老师要告知来访者会上报的决定，但上报的方式、内容都会征求其意见。如果来访者有顾虑，则要充分共情他（她）的担心、恐惧、对此类行为的厌恶等负面情绪。跟来访者重点强调，在上报的过程中，会严格遵守保密原则，最大限度地保护他（她），以化解他（她）的担心。

案例

小丽是一名高三学生，在一次咨询中，她情绪很激动地表示她的任课老师利用各种手段要求同学们上他的课外收费补习班。她的这门学科成绩一般，但她觉得靠自己的努力可以慢慢地提高，在她反复拒绝了这位老师补课的要求后，老师开始对她有一些针对性的行为，如她去请教问题时，敷衍她；考不好时，在全班点名，并用一些侮辱性的语言评价她，她对此很愤怒，却又无可奈何。

心理老师在获得这些信息后，首先对该事件的真实性做了基本的评估，如核实老师的姓名、学科、具体补习地点和时间、采用什么方式宣传补课等，学生也出示了手机短信等比较确凿的证据。确定情况属实后，显然，该教师的行为已经违反了《教师管理守则》中"不允许进行有偿家教"的规定。心理老师与来访者就这一规定也做了说明，向来访者征求了关于上报的意见。来访者表示很想向学校举报,但是又担心会遭到报复,而且很多同学很喜欢这位老师,如果知道是她说的,也会责怪她。心理老师共情了她的感受,同时表达这些想法都是非常必要的考虑。随后心理老师向她申明,保护来访者隐私为上报的第一考虑要素,会在上报时做匿名处理,只反映客观事实,来访者表示同意。

随即来访者与心理老师一起就该事件进行了充分地讨论,区分了哪些是来访者的想法、哪些是客观事实。将此事件的客观事实部分进行罗列,现场起草了上报内容,该内容获得来访者的认可。

咨询结束后,心理老师将此事上报学校相关领导,学校对此事进行了跟进和处理。

已有明确预警信息，但学生本人否认自己的真实想法，该怎么做？

如果预警信息很明显，而学生本人却否认，可能存在以下几种可能性：

1. 学生和心理老师的咨询关系还不够稳固，他还不完全信任心理老师

因此，我们的工作重点可以考虑不急于让学生承认他的真实想法，而应该充分地运用倾听、同理、共情等技术，建立信任关系，让来访者感受到你是可以理解并接纳他的。良好的关系对处于危机中的青少年是至关重要的，它可以为青少年提供安全感，让他们放松并解除防御，这是他们愿意和讨论真实想法的基础。

2. 否认态度本身也可能是对心理老师的一种试探

学生想借以观察心理老师是否真的关心他（她），真的想进一步了解他（她）。也许在他（她）以往与周围人接触时，他（她）也有过类似想法的流露，以此来引起他人的关注。当别人关注到他（她）的想法，想进一步询问时，他（她）又会有要不要深入暴露的不确定感，从而下意识地就否认了之前的想法。当事人的否认态度，容易让其他人认为他（她）是一时的情绪不佳，从而忽略了这种情况。因此，如果是这种情况，老师可以耐心地持续关注，让来访者感受到老师是真的关心并关注他（她）的问题，那么，他（她）愿意去跟老师讨论他（她）的真实想法的可能性也就会越大。

3. 否认关于自伤、自杀的想法

学生否认自伤或自杀想法的背后隐藏的情绪可能是恐惧、不安、逃避、担心、羞耻等，自己尚未有公开讨论这种想法的勇气。心理老师依然需要不急于让他承认这种想法，而从可能的情绪入手，与来访者共同探索。如果他（她）的情绪是担心，可以讨论具体担心什么，是害怕父母或同学知道他（她）的想法吗？如果别人知道这些想法对他（她）意味着什么？等等。

> **案例**

在一次全校性新生心理健康筛查中，小雷是预警名单中的学生，并且预警信息很明显。心理老师用要做课程效果调研的理由约小雷到心理咨询室。小雷很配合地回答了老师关于课程的一些问题，当心理老师很关心地问到入学后的适应情况时，小雷很快表示一切都很好。这时，心理老师告诉他，看过他的心理健康筛查量表，上面显示他有一些很消极的想法。小雷沉默了一会儿，没有说话。心理老师随即表示希望可以了解他是不是遇到了什么困难，自己很想听他的事情，也愿意跟他一起探索这些事情背后的真正原因，帮助他共同解决。小雷想了一下，说好像也没什么具体的事情，只是有时感觉有些混乱，感觉压力比较大。心理老师共情了他的压力感受，并表示每学年开学初，都会有同学因为初升高的适应问题来咨询，尤其是进入一个更具竞争性的学校时，压力感是普遍存在的一种感受。小雷听完，有一点意外地问道："会有人来主动咨询吗？"当他从心理老师处得知有人会主动来咨询的情况，而且还不少的时候，整个人显得稍微轻松了一些。所以，当心理老师表示，感觉他的压力感受好像比一般的同学更大，想和他一起具体探索可能的压力源后，他没有回避，而是开始讲述发生在他身上的各种事情，以及他的真实感受。

评估风险高的学生，监护人也认可学生处在风险中，但无力提供支持其改善的资源，该怎么做？

当学生处于较高风险时，"安全第一"是学校和家庭都必须遵循的首要原则。心理老师在稳定学生情绪，确保学生暂时安全后，可以建议及协助家长前往专科医院或者是综合医院的心理门诊进行专业的评估。建议心理老师结合医院的评估结果，对于可提供支持来访者改善的资源进行区别和划分。

在家长表示无力提供支持来访者改善的资源时，心理老师可以考虑尽可能借助学校和社会资源来弥补家庭支持系统的不足。

一般来说，家庭可提供的支持资源主要分为家庭环境支持与经济支持。

1. 家庭环境支持方面

心理老师工作的重点可以放在改善亲子关系及家庭氛围上，父母情感上的支持对于降低学生风险程度至关重要。

2. 经济支持方面

心理老师可以向学校汇报该生家庭的实际情况与困难，向学校争取一定的经济支持。汇报内容可包括医院的诊断与建议、家庭经济情况、该生目前现状及经济支持可以给该生带来哪些方面的改善等。

案例

微微的同学向心理老师报告，称微微最近求他陪自己去一个小药店买安眠药，他有些担心，就询问发生了什么事情，微微表示想安静地离开这个世界。心理老师马上约见了微微。微微说上了高三之后，经常睡不着觉，没什么胃口，很焦虑，上课也是晕晕乎乎的，很难坚持上课，对未来很绝望，觉得很难考取自己心目中理想的大学。因父母离异，自己跟妈妈一起住，妈妈最近下岗了，脾气很暴躁，回家后，俩人就争吵不断。妈妈觉得她学习不用功，很懒，对她很失望。她觉得自己看不见未来，活着没什么意思，已经多次有结束生命的想法，在想了很多计划后，觉得采取服用安眠药的方式最合适。自己曾经有过很强烈的求助欲望，想去看心理医生，但是妈妈告诉她家里没钱，连吃饭都成问题，她就此完全对生活绝望了。

心理老师在获知微微家里的实际情况后，起草了相应的个案情况报告，将医院的专业诊断一并提交给学校，学校把其纳入贫困生扶助项目，垫付了她的医药费，并为其母提供了清洁工的工作岗位。这些措施在一定程度上缓解了该生家庭的现实压力，为降低该生的风险系数提供了相应的保障。

心理老师需要和有自杀风险的学生建立心理咨询关系吗？

按照国家对心理老师工作职责的界定，学校个案辅导工作的对象是具有一般心理问题的学生，具有严重心理问题及以上的学生需要转介。在这个意义上，心理老师不需要和有自杀风险的学生建立咨询关系。但是，因为学生在向心理老师报告自己的自杀想法或计划时，还涉及心理教师的双重身份问题。来访者如何看待自己和对面的这个人的关系，是来访者和咨询师还是学生和老师的关系，这也会影响选择。在现实中，青少年较难从专业的视角来看待学校的心理咨询工作，大多数学生在寻求心理老师的帮助时，首先会把心理老师界定为一位"老师"。在这个师生关系的框架下，心理老师遵循保护未成年人安全第一的原则，又需要给予学生支持，以帮助学生应对成长发展危机。这种关系有别于正式的心理咨询关系，支持性是其核心。不过在保持这种非正式的支持性的关系时，心理老师仍需要采取一些措施降低风险，做好职业的自我保护。

 案例

心理老师小张最近接待了一名来访学生，其表现抑郁，说自己有自杀的想法，想过遗书怎么写，暂无实施的计划。咨询中，来访学生表示她主要的情绪困扰来自于家庭带来的负面影响，在学校就比较开心，希望经常能来找小张老师咨询。小张老师觉得自己很难拒绝她，但是又很担心，如果来访者在咨询期间发生了意外，自己的责任太大了。

在这个案例中，小张老师首先要对来访学生做一个自杀风险评估，如果等级是中等及以上，就要报告学校，告知监护人其风险，完成转介程序。因为来访学生有和小张老师建立支持性关系的需要，做完这些工作后，在一段时间内，和来访学生保持支持性关系也是小张老师很难拒绝的。在这种情况下，小张老师可以告知监护人来访学生的诉求，并和监护人及来访学生讨论正式咨询关系和支持性关系的区别，也可以和学生签署一个不自杀、不自伤的协议，利用人倾向遵守自己的承诺这一心理，降低学生的风险，加强自我保护。

当危机学生的父母提出由学校提供心理咨询服务时，该怎么做？

有时候，中高风险学生的父母因为考虑到去专科医院可能带给孩子的消极暗示，或者考虑家庭经济原因不能去社会机构长期咨询，或者觉得学校心理老师更理解孩子，会提出由学校心理老师为孩子提供咨询服务。一般情况下，建议应该以学校心理老师工作职责的有限性为由，拒绝家长的要求。（可参见附录1：广东省教育厅关于中小学专职心理教师专业要求与工作职责指引）

案例

高三学生小泉，在学校内屡有与教师、同学冲突，在和心理老师沟通时也多次表达不想活了。经过了解，小泉童年目睹过母亲自杀未遂，后来又经历了同学欺凌、父母离异、升学失败等事件，情绪和行为逐渐出现异常。因为觉得父亲不关心自己，他自己偷偷去过专科医院，被诊断为双相情绪障碍，高自杀风险。联席会议上小泉的父亲提出，他了解服药只是治疗双相情绪障碍的一种措施，要想有好的效果，还需要配合心理咨询，但是作为单亲父亲，他为这个孩子读国际高中在经济上已经承担了很大的压力，无力支付更多的咨询费用。他知道学校有心理老师，也为学生提供咨询，希望学校能安排心理老师为小泉提供连续的、规律的心理咨询。

联席会上，学校的辅导主任向小泉的父亲解释：学校心理老师的工作范围是为有发展性问题和一般心理问题的学生提供咨询服务，比如，做一些选课、选科的咨询，生涯发展阶段性目标的咨询，一般的情绪问题，像小泉这样在专科医院已经明确诊断为情绪障碍而且风险较高的学生，按照学校心理老师的职业资格规定，是不能为其提供治疗意义上的心理咨询服务的，遵守这个边界，既是对心理老师的保护，更是对学生的保护，由有资质的受过专业训练的人提供的服务，才能保证不伤害学生。

当小泉的父亲表示机构的费用很高，真的无法支付时，辅导主任提供了以较低收费做较长期咨询的途径，有一些正规的咨询机构或者咨询师连续培训项目，因为教学和培训的需要，会招募教学个案和督导个案，收费较低的同时，咨询师的选择和督导机制完善，是性价比较高的选择。

心理教师需要对有自杀、自伤风险的学生提供随访服务吗？

心理老师首先是学校里的一位教育工作者，虽然不能为具有严重心理以及这个程度以上的学生提供治疗意义上的咨询服务，但是当在学校内生活学习的学生有自杀、自伤风险，需要协助和支持时，仍旧需要提供专业的支持和帮助，其中就包括随访。定期将学生在学校的表现反馈给家长，也跟家长了解学生在家期间的表现，必要时与班主任合作开展工作。

 案例

在上个问题的案例中，小泉的父亲接受了辅导主任提供的做教学个案的资源，小泉成了一个资深咨询师的教学个案，定期在校外做咨询。

小泉的父亲在联席会上还提出了另一个疑问：如果学校心理老师不能给小泉提供心理咨询，那小泉在学校出现情绪波动或者冲动行为时，他可以找谁帮忙呢？

心理老师告诉小泉的父亲，虽然心理老师现阶段不能为小泉提供有规律的咨询服务，但是也会经常和班主任保持联系，关注小泉的情况，有需要时一定会及时介入，避免情况激化；心理老师也会定期和家长联系，做好随访工作，及时沟通各方反馈的关于小泉的信息，以帮助学校和家长做出最利于小泉康复的计划。

对危机学生进行转介时，心理老师可以做什么？不可以做什么？

学校转介危机学生时，通常要告知家长转介的理由，学生因哪些表现需要到比学校更为专业的机构去评估和诊断。如果监护人要求，可以将学生在学校的表现，包括辅导中一些需要让转介机构了解的重要信息提供给他们。在转介机构进行治疗期间，如果在监护人知情和授权的情形下，转介机构需要向心理老师了解更多信息，心理老师也应提供。

经常会有家长询问，应该转介到哪里，找哪一位医生或者咨询师。在转介时，对治疗机构不做单一来源的建议，如去哪家专科医院、哪家咨询机构或者具体到哪一位医生。

案例

学生小马在朋友圈表达了厌世的情绪，心理老师在干预过程中发现，他抑郁症状明显。因学校社团事务和同学之间的人际困扰，他的较为明显的抑郁情绪已经持续6个月。同时访谈显示，他从小学高年级开始就表现出很明显的人际敌意，持续到高中。在联席会中谈及转介时，监护人表示不了解心理治疗机构的情况，希望学校推荐转介机构。心理老师根据以往个案转介后治疗情况的反馈，推荐了一位当地专科医院的一名主任医生。但是一年之后，家长对心理老师非常不满，在治疗效果不明显的情况下，家长找了另一位医生，另一位医生给出的诊断和治疗方案完全不同，因此家长认为，心理教师推荐的主任医生的诊断和治疗都是错误的。

心理问题的成因和康复因素是很复杂的，这个个案治疗效果不好，并不意味着医生的诊断和治疗就是错误的。但是家长并不容易接受和理解心理治疗的复杂性，对学校心理老师的信任也会因此而受到影响。在转介时，心理老师可以向家长介绍专科类医院和综合性医院心理科各自的优势和可能的消极影响，比如，专科类医院专业性强，但是去专科类医院就诊，青少年可能会承受一些社会偏见导致的压力，而综合性医院的心理门诊带来的这部分压力相对要小。但是一般而言，综合性医院心理门诊的专业性相对专科类医院要弱。与家长讨论这些优劣因素后，选择何种类型的机构，应该由家长自己决定。至于社会咨询机构的推荐，要更谨慎。如果家长的确需要这样的资源而自己又信息有限，心理教师的推荐至少应该不少于两家，以便让家长通过自己的考察、判断做出选择。不建议推荐具体的医生或咨询师。

如果心理老师与其他老师的判断不一致，该怎么办？

青少年的情绪多变，在心理和行为表现上的矛盾性比较突出。因此，同一名学生可能在不同的人面前表现不同，对同一名学生，班主任或者任课教师会观察到和心理教师差异较大的信息，这都是比较常见的情况。尤其是那些习惯在群体中掩饰自己真实感受的学生，更可能在班级内和在咨询室中呈现不同的情绪状态。另一种情形是患有躁郁症的学生的情绪状态没有被完全观察到。

 案例

高二男生小明在咨询室里报告了自杀的念头，并有了自杀计划。

学校召开危机联席会时，当心理教师反馈关于小明自杀的念头和自杀计划的信息时，父母表示不太可能，因为小明在家里都很正常。而班主任也表示不可能，因为小明在自己的语文课上表现很活跃，发言积极。心理教师认同了父母和班主任观察到的信息，同时表示小明在咨询室中表达的信息也是真实的，这样看起来相互矛盾的信息恰恰表明小明的情况是比较复杂的，建议家长将小明带去专科医院进行评估诊断。

一周后，小明的家长反馈，小明被专科医院诊断为双相情绪障碍，小明的一些被家长和老师认为很积极的表现，其实是躁狂发作期的表现。

当专业医院的医学诊断与心理老师的判断不一致时,该怎么做?

有时候在学生转介后,医生的诊断和心理老师最初的判断不一致。一般情况下,要尊重医院和医生的专业诊断。但是的确也会有一种情形:学生本人或者监护人在就诊时没有告诉医生关于自己状态的全部事实,尤其是关于自杀的想法、自杀计划的这部分信息,导致医生对学生做出了与其在学校表现不相符的诊断,尤其是关于自杀风险等级的评定一项。

案例

高一女生小玲在和学校心理老师交谈时,说自己想自杀已经有一段时间了,最近还偷偷去学校教学楼的天台看过。心理老师将情况告知家长后,家长不相信。但是心理老师还是坚持让家长带小玲去专科医院看一看。专科医院的医生做出了中度抑郁症的诊断,但是自杀风险等级评定却是"低"。心理老师再次见到小玲时,询问了就医的过程,发现小玲并没有告知医生关于自杀的这部分信息,原因是当时医生询问她有没有自杀的想法或者计划时,母亲也在旁边,小玲觉得如果说出了自己的真实想法,母亲会很生气,觉得很丢脸,所以她跟医生说"没有"。心理老师跟小玲解释,为了得到更有效的治疗和帮助,告知医生和父母这一类信息是非常有必要的。

当专科医院的诊断评估与心理老师对学生的评估明显不符时,心理老师要向家长和学生本人详细了解就医过程,确认家长和学生是否已经将关键信息告知医生,必要时可以在学生复诊时同行,提供学校内的信息供医生参考。

第五部分 关于具体处理

当家长或学生担忧治疗抑郁的药物有副作用时,心理教师该怎么做?

青少年抑郁症的诊断率逐年上升,很多患有抑郁症的青少年都面临是否服药的选择。关于抑郁症药物治疗有效还是无效,都有相关研究证据支持。目前的情况是,多数专科医生会采用药物治疗作为治疗抑郁症的首选方式。这一类药物可能具有的副作用包括睡眠习惯改变,如嗜睡、恶心、便秘、肠胃反应等,家长和青少年本人会因为担心或者不愿忍受药物的副作用而征询心理老师的意见。心理教师应鼓励家长与医生进行更充分的沟通,尤其是青少年已经服药并出现副作用的时候,要及时反馈给医生,而不是擅自停药。

 案例

高一学生小仓因为有明显的强迫行为和抑郁、焦虑情绪休学,专科医院诊断为重度强迫,中度抑郁,为其开了盐酸舍曲林片等药物。小仓服药两天后,因为有较明显的药物反应,不愿意继续服用。小仓的母亲询问心理老师,是否应该坚持服用。心理老师和小仓的母亲解释了关于药物副作用的一般性知识,提醒她及时与开具药物的医生沟通。小仓的母亲经与医生沟通,决定还是坚持服用药物,但对服用剂量进行了微调。经过近两周的适应,小仓的药物反应基本消失后,坚持服药,并定期复诊。

服药9个月后,小仓的强迫症状基本消失。有一次,小仓和妈妈一起去参加社会培训,小仓和妈妈受到授课教师观点的影响,觉得能不吃药就不吃药,而且小仓觉得自己已经没有强迫症状,病已经好了,在未征得医生同意的情形下,自行停药。停药一个多月之后,小仓迎来了复学后的新学期。她本来对新生活充满了期待,可是复学后一周,小仓感到自己又回到了从前的状态,根本没有办法正常地学习和生活,于是再次休学,再次去专科医院就诊,专科医院给出了强迫症和抑郁症复发的诊断,并告诉小仓的母亲,擅自停药是导致复发的重要的原因。

校园危机事件发生后，如果你是教师可以做什么？

校园危机事件发生后，教师可以做的事情包括但不限于以下几项：

（1）在当天上课之前尽量取得所有的有关资料，包括危机事件当事学生的基本情况；校方对事件的统一解释；干预活动所需物料等。做好聆听及支持学生的心理准备，鼓励学生在需要时寻求协助，并告知学生求助的途径及发放学生辅导服务的资料，同时要控制流言的散播。

（2）留意任何情绪低落的学生，列出你认为有需要交由学校危机处理小组或跟进的学生名单。如果你认为班上大部分学生都因为目睹意外事件，或因牵涉意外事件而受到影响，则要通知学校危机处理小组，协助处理有关学生的情绪问题。

（3）出席当日教职员会议及课后检讨会，提供或取得有关资料。尽可能出席为教职员而设的情绪支援服务。

（4）将所有关于媒体的问题交给校方发言人。

（5）根据正常规则处理任何缺课或早退的请求，直至接到另行通知为止。如果受影响的学生数目庞大，如遇考试或测验，可以延迟测验或考试。

案例

某学校运动会期间，发生一起校园危机事件，一名高二学生在宿舍区自杀。高一的小刘老师和其他所有班主任一起，参加了学校召集的紧急会议，了解了事情的基本情况，以应对家长和学生的询问；还参加了由心理老师组织的心理干预培训会，了解了学生在事件发生后可能会有的反应及适当的处理方式；组织了本班的特别班会，在特别班会上通告了事件的基本情况，对学生进行了基本的心理干预。在接下来的一周，不断有同学找到小刘老师反映他们的不适，小刘老师都及时与他们谈话，提供支持，还把其中反应比较大的几名同学转介给心理老师。小刘老师还接到多名家长的电话，反馈学生在家因危机事件而产生的变化及家长需要学校和老师提供的帮助。

危机事件发生在学校，班主任要处理的事情很多。如果危机事件是在校外发生的，是不是班主任就可以不管了呢？

案例

小芳因抑郁症休学一年，复学后仍旧不愿上学。在一次因为是否要去上学与家人发生言语上的冲突后，小芳在家自杀身亡。家长报告学校后，班主任高老师在心理老师的指导下，做了一次特别班会，向班内同学通告了基本情况，引导同学做了一些情绪宣泄，做了简单的告别仪式，撤了小芳在教室内的桌椅。高老师也在接下来的一段时间里组织了几次和生命教育、班级融合有关的班会，以创造更和谐的班级氛围，用更积极的认知影响同学们。

即使危机事件并非发生在校园内，但是同学之间的情感联系注定了事件对联系较紧密的学生（如同班同学、好朋友、社团内同学），都会产生一定的影响，因此仍旧需要按照干预流程进行处理，以避免事件对其他学生的心理产生更大的负面影响。

如果你是心理教师，校园危机事件发生后，你应该做什么？

除了一般教师要做的工作，心理教师在校园危机事件发生后最重要的工作是做好全体学生的心理干预。干预工作按照分级分类的原则进行，心理教师要在学校管理层的支持下，完成干预方案的制订以及干预人员的筛查。一般性的干预由班主任接受培训后，以特别班会的形式进行。心理教师干预的对象主要是受事件影响明显的学生，可以以个体或者小组的方式进行。

案例

某校高三学生小军因情感受挫在校内自杀身亡。学校的心理辅导中心在班主任的支持下，按照与小军的关系亲密程度做了一个筛查，在小军的班级内确定了重点需要干预的8名同学，还确认了另外4名其他班级或者社团内与小军关系虽然不密切但是本身就有心理困扰的同学，也需要重点干预。因为事发当天是上学日，有同学在上体育课，目睹了事件的过程，所有目睹事件的学生也被列为重点干预对象。另外一类需要重点干预的对象是目前正在接受心理咨询的学生，他们相较于其他学生，更有可能受到此事件的刺激从而导致心理状态更不稳定。经过统计，需要心理老师进行干预的同学将近90人。心理辅导中心的老师在接下来的几天，通过个体咨询以及小组辅导的方式开展了干预。

校园自杀事件发生后,学生的常见反应有哪些?

校园自杀危机事件发生后,有的学生对事件本身产生困惑,不知道到底发生了什么事情,让当事人做出这样的选择。还有的学生对死亡这个问题会产生困惑,会思索关于死亡的问题。害怕、担心、恐惧、悲伤这些情绪反应是比较常见的,但是教师也会发现,还有一部分学生并没有特别反应,好像事件对他们的生活没有什么影响,甚至偶尔还会有学生表现出嬉笑的态度,看上去与事件发生后的氛围不协调。出现这样的状态,可能与这部分学生还没做好接受事件的准备有关,也可能是这部分学生不知道如何认真面对自己的感受,也有可能是回避真实感受的一种反应。愤怒,也是学生可能会有的情绪反应,有的学生会指责学校或者当事人家庭做得不好从而导致悲剧发生,也有的学生会将愤怒指向当事学生,觉得无论如何都不应该做出自杀这样的事。和当事人关系密切的学生最容易出现内疚和自责情绪,觉得如果自己能更关心对方或者更细致地察觉到对方的变化,就有可能避免悲剧。也会有一些学生表现出焦躁和不耐烦,不想听到和讨论任何与自杀事件有关的话题。

情绪上的反应,有时会通过行为来体现。有的学生突然怕黑,不敢一个人走路,担心和家人分开,变得爱哭、口吃;有的表现为身体不适、学习成绩下降;也有学生睡眠困难、注意力下降;还有学生会变得比较爱说话。只要学生和事件发生前比较有明显的变化,都应该被关注并干预。

案例

某校发生一起学生自杀事件。消息传播之后,高二的小林同学找到心理老师,询问,这是不是真的?并表示这个学长自己认识,是很开朗的,不是那种会轻生的人,并说,应该是搞错了!确认并没有搞错后,小林变得情绪低落。心理老师做了处理后,小林离开了。过了一天,小林又联系心理老师,说最近这两晚都感觉窗帘后有人在动,可是去看,什么都没有,心里非常害怕。

校园自杀事件发生后,教师如何应对学生的常见反应?

校园自杀事件发生后,教师常常要应对学生的各种类型的情绪和行为反应。对于那些对事件本身有困惑的学生,教师需要在自己所知道的事实基础上回答学生的问题,认同事情在短时间内的确让人难以置信,需要时间接受事实,但是回答问题时要注意:避免讨论自杀的方式,要特别注意学生是否认同自杀行为,要正面指出生命的宝贵。面对学生对死亡的困惑,教师要理解这种困惑,同时指出,生命只有一次,失去了不能重新开始。教师要认同学生表现出的害怕、恐惧、担心、悲伤这些比较常见的情绪反应,告诉学生这些反应都是正常的。对于那些看起来对事件没有什么反应的学生,教师需要理解这也是正常的,不要误会这些学生无动于衷或者缺乏同情心,不够善良,他们可能暂时未能对突如其来的事件有所反应,也可能由于不认识当事学生所以没有反应。教师还要意识到存在延迟反应的可能,告知学生如果晚些出现反应,需要时也可以求助于老师。面对有些学生的愤怒情绪,教师需要认同愤怒的感受,而不要去和学生辩解究竟谁该负责任、负何种责任;面对学生自责和内疚的感受,教师要理解,并指出面对这类事件,觉得自己做得不足或不好,或者觉得自己要负一些责任是常见的也是正常的情绪反应。教师要注意这些学生对当事学生具有的关怀态度,同时也要指出自杀是个人的决定,没有人需要为他的决定负责。

校园自杀事件发生后,学校如何告知全体家长?

　　为了防止自杀事件在传播中失实,学校应在校园自杀事件发生后告知家长基本情况,以免引起不必要的猜测和恐慌。通常,学校可以通过家校通联系平台给家长发送正式的家长特别通知,在通知中告知家长有学生不幸逝世,并告知家长学校已经采取的干预措施,提示家长未来一段时间需要留意孩子的情绪及行为表现,必要时可向学校请求协助。学校还可以通过班主任,以邮件的方式向家长提供一些如何帮助子女面对创伤事件的资料。

文本样本　　家长特别通知范本

各位家长:

　　本校一名学生于_____年____月____日不幸逝世。全校师生深感惋惜和难过。

　　这名同学的死亡,可能会引起其他同学的猜测及不安,学校的危机处理小组已经按照预案处理事件,心理教师、驻校社工已于今日为学生提供即时的辅导,安抚情绪,解决困惑。

　　请您在这几天多留意孩子的情绪及行为表现(例如:是否较平日怕黑、失眠、哭泣、做噩梦等)。请家长聆听他们的倾诉,让他们说出自己的感受,并给予适切的安慰及劝勉。如有需要,请向班主任或心理辅导老师寻求帮助,或致电学校(电话_____)。

×××学校
_____年____月____日

(备注:附上区内其他社会服务机构的资料,以供参考。)

求助热线:

×××中小学心理辅导中心咨询热线:_____

××市各区中小学心理咨询线:_____

校园自杀事件发生后,班主任如何应对家长的常见问题?

接到家长特别通知后,部分家长会联系班主任或学校心理老师询问一些问题。常见的问题有:这件事对我的孩子心理上会有影响吗?会持续多久呢?如我的孩子表现惊慌(像做噩梦、怕黑、不敢外出等),我应该怎样做?

针对以上家长提出的问题,班主任可以回应家长,事件在短期内对孩子可能会有一些影响,如缺乏安全感、觉得害怕、容易哭泣、精神紧张等,这些都是自然的反应。家长要理解这些看上去和平时不一样的情绪,而不要否定这些情绪,不应说"不用害怕""你也太胆小了吧"之类的话。只要家长多花些时间陪伴孩子,鼓励孩子说出自己心里真实的感受,并给予关怀、肯定和支持,孩子会逐渐恢复正常的生活的。教师也可以建议家长陪伴孩子一起做一些轻松的运动或者深呼吸。如果超过一个月,家长发觉孩子仍有情绪不安的迹象,就应该与学校的心理老师联络。

另外,在中国文化中,在家庭内谈论死亡是很困难的事情,但是事件发生后,家长很可能会对孩子对死亡的疑惑或惶恐不知如何回应,也会因此而求助学校和教师。教师可以指导家长,对孩子说:"这个同学的死亡是一件不幸的事,他的生命已经结束,他不会再返回学校上课,我们再也不会见到他了,但他会得到安息。我们为同学的死亡而伤心和难过,所以我们更要热爱生活,珍惜生命。"

也有家长或家庭本身就面临人生问题,会受到事件的影响而不稳定,他们也会把自己的担心和焦虑传递给班主任。班主任可以提供一些积极的认知,如告知家长问题是短暂的,方法比问题多,也可以鼓励家长向信任的亲友及专业机构寻求帮助。

校园自杀事件发生后,特别班级集会的基本流程是什么?

班主任主持的特别班级集会通常需要做以下工作:

第一,要对发生事件进行简单交代,把学校已经确认的事实告知学生,可以询问学生何时、通过何种途径知道了什么,并对不符合事实的或者未经学校确认的部分进行澄清。

第二,告知学生,事件已经交给警方去处理,从现在开始到警方公布调查结果之前,都不应对事件做揣测,也不要讨论和试图找寻自杀的原因,因为这样的事件不是由单一的原因引发的,事件所包含的复杂因素是外人很难完全知晓的。还要告知学生,如果一个人选择用这样的方式结束生命,造成不可逆的结果,是令人非常遗憾的。

第三,引导和鼓励学生表达对事件的感受。可以是口头表达,如果学生难以用言语表达,可以事先准备好一些浅颜色的便利贴,鼓励学生书写出来。在这个过程中,教师要接受学生表达的各种情绪,避免否定一些学生和多数人不太一样的表达,要帮助学生认识震惊、伤心、内疚、愤怒等不安的情绪是人面对此类事件正常的反应。

在学生表达情绪这个环节中,教师要留意班级内是否有情绪特别激烈的学生,尤其需要留意和当事学生关系特别的同学对事件的反应和情绪、行为表现,如好朋友、兄弟姐妹,也包括平时交恶的同学。必要时要将这些情绪反应过于激烈的学生转介给学校的心理教师。在听或者看学生的表达时,教师还要注意是否有学生认同自杀这件事。如果有,需要找合适的机会与有这种想法的学生单独面谈,必要时要转介给学校的心理老师做进一步的评估。

第四,了解学生的支援系统,以及惯常的应对方式。可以问学生一些问题,比如:你的父母是否知道了这件事?他们和你谈过了吗?当你感觉不舒服时,你会怎么做?你身边有谁可以帮助你?要让学生明白,教师或者他们信任的成人都是他们的支持者。

第五，给学生正面的鼓励。可以询问学生有什么事情是可以为逝者家人做的，可以用不同于表达情绪所用纸张的另一色纸张，鼓励学生将这些写下来，并由学校转交给逝者家属。这样做的目的是帮助学生意识到逝者已逝，生者的生活应该继续，每个人都要积极面对。

第五部分
关于具体处理

 校园自杀事件发生后，作为心理教师，如何处理自己的情绪感受？

校园自杀事件发生后，学校整体处于巨大压力之中，心理教师对事件会有自己的压力感受，并且因为需要为受到事件明显影响的学生提供心理辅导，在短时间内要接纳较多学生的各种各样的感受，压力较学校其他人更为直接和明显。在干预工作过程中及时进行同辈督导，相互支持，以减轻压力。如果遇到的情况是同辈督导不能提供支持的，需要及时寻求校外专业机构的帮助。在干预工作全部结束之后，学校应该给心理教师提供专业督导，时间长短由心理教师觉察到的受事件处理所产生的问题多少决定。

案例

心理教师小陈所在的学校发生了一起自杀事件。小陈和同事连续工作，分级分类一共为176名受到事件影响的学生提供了个体和小组辅导。在工作进程中，有两位同事都提出同辈督导的需要，报告了身体和情绪上的一些不适和变化。可是小陈说，自己除了有些疲倦，并没有特别的感受和反应。小陈的学校并没有给心理教师提供专业督导。在集中性的干预工作结束之后，小陈开始失眠，脑子里经常闪现出辅导中所描述的现场情形，很担心正在辅导的两名学生做出类似的事情。小陈意识到自己不是没有受到影响，只是影响延迟出现。小陈去当地的专科医院的心理咨询门诊持续做了8次咨询，以上症状逐渐消失。

学生在家自杀，学校可以做什么？

学生在家自杀，对学校和学生的冲击和影响虽然小于学生在校自杀，但仍需要重视。学校接报后，应该指派代表与家属联系，了解情况，及时沟通。此种情况一般不会召开全校通告会，也不会每个班都组织特别班会，但是自杀学生所在班级需要召开特别班会，而其他班级的教师要注意留意本班是否有因为此事受到明显影响的学生，必要时要寻求心理教师的帮助。

 案例

年末最后一天，高一学生小元下午4点在家坠亡。警方在晚间7点左右联系了小元的班主任高老师。高老师随即向自己的主管领导年级长报告了这一消息，之后层层上报直至校长。

学校的安全主任在当晚以电话方式向教育局安全处报告此事。第二天上班后，学校代表、主管学生工作的副校长带领安全主任前往小元家慰问，学校安全处以文字方式递交关于此事的情况报告。

因为小元自杀之前发送了遗书给一个同班好友，同班好友发现小元第二天没来上学后，和小元同桌一同前来询问高老师小元为何没有来上学。高老师经过与心理老师商量，告知了这两名同学实情，并由心理老师对这两名同学进行了心理干预。学校还通知了两名同学的家长来校沟通，由心理老师教授两位家长如何与孩子沟通此事，也希望家长不要传播此事。

在是否召开特别班会的问题上，小元的同班好友表示，因为小元在遗书里表示她想要安静，作为好朋友她也不想让更多人对小元的事情做更多猜测，希望不要让更多同学知道。高老师也提出，因为临近期末考试，班级上很多同学已经有很大压力，情绪焦虑，如果此时再召开特别班会，担心会带来更大问题。在了解了更多小元的个性特征、以及朋友很少的情况下，并征求了小元父母的意见后，学校综合考虑，做出了不召开特别班会的决定。

小元的好友和班主任高老师在被问到小元为何不来上学时，按照商量过的方式回复"生病了"。小元的桌椅，在换座位的过程中，以很自然的方式调到了不引人注意的位置。在非上学日，小元的家人将其私人物品整理好并带回家。

小元的同班好友接受了心理老师4次心理咨询后，情绪基本稳定。班级也平稳度过了期末考试时期，正常放假。

自杀事件发生后,在警察到来之前学校如何进行现场处置?

自杀事件发生后,在警察到来之前,学校就现场处置需做好以下工作:

(1)事发后,第一时间拨打急救电话和报警电话。

(2)发现现场的成年人,要向学校安全主管报告,启动危机处理预案。在这个过程中,要特别注意保护未成年人。

如果事件发生在学生聚集的场所,要尽快将学生疏散到无法目睹现场的地方,并安排教师在疏散位置进行陪护和管理。如果当时并未有人聚集,要进行区域隔离,尽可能将未成年人与事发现场隔离,避免未成年人目击现场,造成心理伤害。

案例

一名学生在校内跳楼身亡,学校经过排查,怀疑是某班学生,通知班主任做信息确认。可是班主任说自己晕血,准备派班长去现场确认。这种做法严重违背了未成年人保护原则,禁止这样做。

学生因心理原因休学，学校需要在其返校前做支持性评估吗？

　　学生因心理原因休学，申请复学时，学校应对学生做支持性评估。这种评估不是精神医学模式或者心理治疗模式，而是学校的心理教育模式，重点不是评估学生的心理康复的状况，而是了解希望复学的学生在休学期间做了哪些利于复学的治疗和准备，也会和学生及家长讨论复学后可能会遇到的问题，以及可以利用的支持性资源。这种评估并非像很多家长和学生担心的那样，是为了增加因为心理原因休学的学生返校的困难而设计的，而是为了帮助复学的学生更快更好地适应复学后的生活而设计。

 案例

　　学生小徐因为患抑郁症休学一年后申请复学。学校接到他的复学申请后，安排了一次复学评估。学生辅导中心的老师和小徐以及他父母都做了沟通，了解到在休学期间，小徐一直在专科医院治疗，目前一个月复诊一次，抑郁症的情况已经从休学时的重度变为现在的轻度。除了服药，小徐也接受过一段时间的心理咨询，一共是12次，因为休学期间的一个国际支教义工计划而没有坚持。小徐对复学后最主要的担心是自己没有参加军训，别的同学都互相认识了，自己融入班级会有困难。心理老师告诉他，会和班主任沟通，设计一次团建课，帮助同学们更快更好地接受小徐。小徐父母则担心，小徐休学一年，很少时间用在学习上，学习会因此而吃力。心理老师用复学的案例让其父母意识到，尽可能降低这阶段对小徐学习的期待，而是关心他的学校生活的其他方面，这样可以帮助小徐更好地回归学校。针对小徐父母希望能在复学后在学校做心理咨询的愿望，心理老师表示：因为小徐已经诊断为抑郁症，按照职业要求，已经不是学校心理老师工作的范畴，但是心理老师会关注他，会定期和班主任联系，了解他在校的情况，也会和家长保持联系，以帮助小徐顺利渡过复学适应期。

自杀未遂的学生回到学校，教师应该做什么？

自杀未遂的学生在危机解除之后，都会回到学校。

如果你是学校的心理老师，首先要做的就是风险评估，要评估这名学生是否还有自杀的意念和自杀的计划，是否还会有尝试自杀的行为，以及目前的自杀风险等级。关于自杀未遂的学生，一般人会有一种错误的认知，觉得自杀未遂的学生不会再次自杀。但实际上，自杀未遂后的三个月，是尝试过自杀者再次实施自杀行为的高风险时期。因此，各方包括学校和家长都要对此保持足够的警惕。

心理老师要努力和这样的学生建立良好的关系。学校应要求学生定期到咨询室与心理教师进行面谈。心理教师需要了解除了学校在干预中所做的事，家庭在学生休学期间都提供了哪些支持，而学生自己对事件的认识又是什么样的，认知上是否有所改变，返校后是否面临人际压力，学习上是否有困难、是否需要帮助等问题也都是应该讨论的主题。

如果你是班主任，自杀未遂的学生返校后，在班级里要特别注意不要让其他同学议论此事，尽可能创造融洽、包容的班级氛围。班主任也要特别注意学生情绪和行为的变化，保持和心理老师、家长的联系，及时将班级内学生的变化反馈给心理老师和家长。

班主任也要对班级任课教师做有关这名学生情况的通报，告知科任教师学生返校后需要注意的事项，比如说在学科课堂上关注学生的情绪和行为变化，及时肯定学生的积极表现，观察到异常情况时，及时报告给班主任。

如果心理老师对自杀未遂的学生的风险评估仍然属于高等级。根据《深圳市学校安全管理条例》实施细则第四十二条，学校可以建议学生休学。

曾经有过自残行为的个案，如果学生发信息给心理老师说自己又自残了，首先需要了解学生两次行为之间的时间间隔。如果时间间隔很长，需要评估这一次的自残行为和之前非自杀性的自我伤害行为是不是有差异，也就是说，这一次的自我伤害行为是不是指向死亡？如果是自杀性的自我伤害，那就需要启动危机干预流程；如果不是则按照一般的咨询流程，了解学生本次自我伤害行为的诱因，并进行正常咨询。

休学是解决心理问题和预防校园自杀危机的一种办法吗？

当学生在学校里表现出较明显的心理问题时，很多老师和学校都倾向让学生休学，把休学当成解决学生心理问题和预防校园自杀危机的一种办法。实际上，休学是不是解决学生心理问题，尤其是预防校园自杀危机的合适方式，要具体问题具体分析。

休学要成为学生心理问题和校园自杀危机干预的一种有效解决方式，需要两个前提。一个前提，是学校里所发生的事情，如学习压力、校园人际冲突，以及学校这个环境，是导致学生心理问题和有自杀风险的主要原因和重要影响因素；另一个前提，是家庭能够在学生休学期间提供足够的资源，以满足学生休学期间调整、治疗、康复的需要。如果不满足这两个前提，休学就不是解决学生心理问题或者预防校园自杀危机的一种好的方式。如，有的家庭在孩子休学期间，父母仍旧忙于工作，并没将生活重心转至支持孩子的康复上，休学对孩子而言，除了不去学校上学，并没有得到什么支持，只是将时间花在了睡觉、上网玩游戏这些导致生活作息不规律、人际交往进一步退化的事情上，最基本的学业进度也无法得到安排和监督。这样的休学，不仅对解决问题、改善状况无益，也给学生之后的复学，带来不少现实的挑战。

在实际工作中，建议除了学校因素是学生心理问题形成的主要原因，以及社会功能明显受损，不能继续上学的个案，通常不建议将休学作为解决学生心理问题和校园自杀危机预防的首选方式。

关于休学的另一个情形是，家长在学生休学期间安排了大量的学习任务，甚至直接转去其他私立学校继续上学，以保证休学期间学业不受影响。这会加重因心理原因而休学的学生的问题。

当家长主动提出将休学作为解决学生问题的一种办法，学校的老师，尤其是心理老师，需要和家长、学生本人讨论，休学之后，家庭所能提供的资源，休学之后的康复计划是如何设计的，学业上有什么考虑和安排。这种会谈是学校应该为休学家庭提供的服务,本身就是休学康复计划中的重要部分。

案例

高一女生小芳,因为性别认同有困惑,以及和同学相处中矛盾冲突较多,被专科医院诊断为双向情绪障碍。经过深圳、广州、上海、香港等多家医院和咨询机构的治疗,情况都没有明显好转,家长提出休学。心理老师小林和小芳的父母以及小芳本人,一起讨论了休学是否是解决目前问题的一种方式。小芳认同父母所提出的建议,觉得其实学习压力也是自己出现问题的一个重要原因,如果可以休息一段时间,对自己学习压力的缓解会有明显的作用。

经过讨论,小芳的家庭为休学后的小芳提供的资源包括:

(1)继续寻找合适的医疗资源治疗。

(2)父亲带小芳前往新加坡、英国等地研学旅行,放松心情。

(3)如果小芳愿意,可以购买某著名网校的高中课程,在家进行学科课程的学习。

小林老师则建议,休学期间,小芳可以参加一个合适的公益项目,父母和小芳都觉得这是个不错的选择,表示赞同。

9个月之后,小芳申请提前复学。上述讨论中的计划都实现了,小芳在同学的支持下,申请到了一个国际支教的义工项目,支教生活带给她很多思考,拓宽了她对人际"链接"的认识。她的情绪已经变得比较稳定,也不像以前那样纠结于自己的性别认同。她觉得是否要做变性手术这个问题,可以等完成了高中阶段的学业之后再做考量。

附录

附录 1
广东省教育厅关于中小学专职心理教师专业要求与工作职责指引

中小学（含中等职业学校，下同）心理健康教育专职心理教师是学校德育骨干教师。为了进一步明确专职心理教师岗位职责，规范专职心理教师教育教学行为，推动学校落实专职心理教师的心理健康教育"主业"，根据教育部《中小学心理健康教育指导纲要（2012年修订）》（教基一〔2012〕15号）、省教育厅、省编办《关于加强中小学心理健康教育师资队伍建设的意见》（粤教思〔2007〕42号），制订本指引。

一、专业要求

（1）掌握搜集、整理和学习心理学相关新资料的方法。

（2）具备设计教案与实施心理健康教育活动课程的能力。

（3）掌握心理测评与心理调查分析的技术，能熟练运用SPSS等软件进行量化分析研究。

（4）具备建立心理档案的能力。

（5）具备学生常见心理问题的识别与诊断能力。

（6）掌握个别咨询和团体辅导的技能。

（7）掌握发展性心理训练的常用方法。

（8）了解心理治疗的常用方法。

二、工作职责

（1）制订学校心理健康教育年度工作计划，做好学校心理健康教育阶段性、专题性年度工作总结。

（2）根据《广东省中小学心理健康教育活动课内容指南》，负责实施学校心理健康教育活动课教学。小学每周8-10课时，中学每周6-8课时。

（3）负责学校心理健康教育功能场所的日常管理。

（4）定期组织本校心理健康教育教科研活动，参与各级教育部门组织的心理健康教育教科研活动。

（5）协助学校落实学生心理危机预防、预警、干预工作方案，预防学生发生恶性事件。

（6）组织和指导学校兼职心理教师、班主任开展心理健康教育工作。

（7）为学生提供个别辅导服务，建立辅导追踪档案，协助开展家长教育活动。每周在心理辅导室值班不少于5小时。

（8）每学年至少组织1次全校性心理健康教育活动周（月）活动；开展学生心理状况调查，制订教育辅导方案；根据学生实际开展有针对性的团体辅导。

（9）负责学校心理健康教育网站（网页）的日常管理，及时做好学校心理健康教育的宣传及活动成果展示。

（10）负责做好相关资料收集、数据统计、工作分析、分类归档和情况汇报工作。

本指引在2016年5月1日正式施行，有效期为5年。

附录 2
广东省教育厅关于中小学心理健康教育工作规范指引

中小学（含中等职业学校，下同）心理健康教育是提高中小学生心理素质、促进其身心健康和谐发展的教育，是中小学素质教育的重要组成部分。中小学生正处在身心发展的重要时期，随着生理、心理的发育和发展，竞争压力的增大，社会阅历的扩展及思维方式的变化，在学习、人际交往、情绪调适、人格发展以及升学就业等方面可能会遇到或产生各种心理困扰或问题。在中小学中开展心理健康教育是学生身心健康成长的需要，也是全面推进素质教育的必然要求。为进一步提升广东省中小学心理健康教育工作的科学化、规范化水平，根据教育部《中小学心理健康教育指导纲要（2012年修订）》精神，制订本工作规范指引。

一、工作目标

心理健康教育的工作目标是：遵循中小学生身心发展规律，通过多种教育途径，提高全体学生的心理素质，培养学生积极乐观、自尊自信、坚忍顽强的心理品质，促进学生人格健全发展，充分开发学生的心理潜能，为学生健康成长和幸福生活奠定基础。

二、工作任务

心理健康教育的主要任务是开展好发展性心理健康教育。要面向全体学生普遍开展心理健康教育，帮助学生学会学习和生活，正确认识自我，提高自我教育能力，增强调控情绪、承受挫折和适应环境的能力，培养学生健全的人格和良好的个性心理品质。同时，对于少数有心理困扰或心理问题的学生，进行科学有效的心理辅导，及时给予必要的危机干预，提高其心理健康水平。

三、基本原则

开展中小学心理健康教育要坚持以下基本原则：

1. 科学性与实效性相结合

根据学生身心发展的规律和特点及心理健康教育的规律，科学开展心理健康教育，注重心理健康教育的实践性与实效性，切实提高学生心理素质和心理健康水平。

2. 发展、预防和危机干预相结合

立足教育和发展，培养学生积极的心理品质，挖掘他们的心理潜能，注重预防和解决发展过程中的心理行为问题，在应急和突发事件中及时进行危机干预。

3. 面向全体学生和关注个别差异相结合

全体教师都要树立心理健康教育意识，尊重学生，平等对待学生，注重教育方式方法，关注个别差异，根据不同学生的特点和需要开展心理健康教育和辅导。

4. 教师的主导性与学生的主体性相结合

在教师的教育指导下，充分发挥和调动学生的主体性，引导学生积极主动关注自身心理健康，培养学生自主自助维护自身心理健康的意识和能力。

四、教育内容

心理健康教育的主要内容包括：普及心理健康知识，树立心理健康意识，了解心理调节方法，认识心理异常现象，掌握心理保健常识和技能。

心理健康教育的主题包括：个性品质、自我认识、自信心理、情绪心理、意志品质、品德心理、学习心理、青春期心理、交往心理、亲子教育、生命教育、社会适应、智力开发、生涯规划等。其中，自我认识、个性品质、交往心理、情绪心理、学习心理、社会适应是核心内容。

五、教育途径

学校应将心理健康教育贯穿教育教学全过程，加强结合与渗透融入，多途径、多形式开展心理健康教育。主要途径包括：

1. 心理健康专题教育

学校要开设专门的心理健康教育课，并列入课程表，课时在地方课程或学校课程中统筹安排，每班每两周至少安排1课时。心理健康教育课应以活动为主，包括团体辅导、心理训练、情境设计、问题辨析、角色扮演、游戏辅导、心理情景剧、专题讲座等，融知识性、趣味性、参与性和操作性为一体。年级以上的教研活动每月不少于1次，年级或校级的公开课或观摩课活动每学期不少于2次。心理健康教育要防止学科化的倾向，避免将其作为心理学知识的普及和心理学理论的教育。

2. 班主任工作

班主任要通过班会课和班级日常管理渗透心理健康教育。在班级工作中，要关注师生关系、同学关系、学习成长、制度文化四个要素的建设。班主任要能够主持心理健康教育活动形式的班会课，能够在学生教育和辅导中运用心理学知识。班主任还要重视与家长的沟通，在家长会或日常与家长的联系中有意识地指导家长关注子女的心理成长。

3. 学科教学

教师要将学科教学与心理健康教育进行有机结合，教学目标中要包含学生的心理成长目标，教学要营造和谐的课堂心理氛围，教学过程中要关注学生的思维、情感、态度等心理因素的发展，教学内容要挖掘学科体系中蕴含的心理要素，教学评价要体现发展性、多元化评价的理念。

4. 心理辅导

学校要按照教育部《中小学心理辅导室建设指南》（教基一厅函〔2015〕36号）要求规范心理辅导室建设和遵守辅导伦理。心理教师要通过开展个别辅导和团体辅导，指导帮助学生解决在学习、生活和成长中出现的问题，排除心理困扰。对个别有严重心理疾病的学生，或发现其他需要转介的情况，能够识别并及时转介到相关心理诊治部门。转介过程要记录翔实，并建立跟踪反馈制度。在心理辅导工作中，要做好记录，建立心理辅导档案，做好跟踪工作。开展心理辅导必须遵守职业伦理规范，在学生知情、自愿的基础上进行，严格遵守保密原则，保护学生隐私，谨慎使用心理测试量表或其他测试手段，不能强迫学生接受心理测试，禁止使用可能损害学生心理健康的仪器，要防止心理健康教育医学化的倾向。

5. 家庭教育

学校要利用家长学校、家长委员会、家校活动及家校网络互动平台等指导家长了解和掌握孩子成长的特点、规律以及心理健康教育的方法，协助他们共同解决孩子在发展过程中的心理行为问题；引导家长注重自身良好心理素质的养成，以积极健康、和谐的家庭环境影响孩子。

6. 校外资源

学校要加强与青少年校外活动场所、基层群众组织、企事业单位、社会团体以及街道社区等校外资源的联系和合作，组织开展各种有益于学生身心健康的文体娱乐活动和心理素质拓展活动，拓宽心理健康教育的途径。

六、组织保障

1. 加强组织领导

心理健康教育是学校教育工作的重要组成部分，已纳入教育"创强争先"的工作指标和义务教育标准化学校标准。学校要把心理健康教育作为常规性工作，切实落实各项条件保障。心理健康教育工作要坚持行政主管与专业教学相结合，学校主管领导加强行政性管理，专业心理教师负责业务性工作，两者相互协调开展工作，做到面向全体、全员参与、全面渗透、全程进行，让每一名学生受益。

2. 深化队伍建设

心理健康教育是一项专业性很强的工作，必须大力加强专业教师队伍建设。要按照省教育厅、省编办《关于加强中小学心理健康教育师资队伍建设的意见》（粤教思〔2007〕42号）精神，加强教师特别是专兼职心理教师、班主任的心理健康教育培训，落实学生规模1000人以上的中学、1200人以上的小学的专职心理教师配备要求。设分校区的学校，每个独立校区至少配备1名以上专职心理教师。专职教师原则上须具备心理学或相关专业本科学历，兼职教师必须受过心理健康教育专业的系统培训。心理教师享受班主任同等待遇。教育部门和学校要为教师特别是专兼职心理教师、班主任参加心理健康教育培训提供有效条件保障。

3. 强化科学研究

要发挥科研引领功能，以课题研究为载体，以心理健康教育现实问题为主攻方向，以理论研究为支撑，以应用研究为重点，推动心理健康教育课题管理科学化、课题措施制度化、课题活动日常化，提高心理健康教育工作的科学化水平。要建立中小学心理健康教育教研制度，各级教研机构应配备心理健康教育教研员。

4. 健全工作网络

各地要积极推动中小学心理健康教育四级工作网络建设。市级层面由市中小学心理健康教育指导中心负责指导和服务工作，县（市、区）级层面由县（市、区）中小学心理健康教育指导中心负责指导和服务工作，校级层面由心理辅导室负责专业指导和服务工作，班级层面由班主任或指定教师主持开展心理健康教育工作。

本指引在2016年5月1日正式施行，有效期为5年。

附录③ 广东省教育厅关于中小学心理健康教育活动课内容指南

中小学（含中等职业学校，下同）开展心理健康教育，旨在提高全体学生的心理素质，充分开发他们的潜能，培养学生乐观、向上的心理品质，促进学生人格的健全发展。心理健康教育活动课是实施发展性心理健康教育的主要途径，为了规范心理健康教育活动课教学内容，保障教育效果，制定本内容指南。

一、小学阶段

教育目标：帮助学生提高适应校园生活的能力；激发学习动机、培养学习兴趣，提高学习自觉性；逐步提高思维能力、分析能力；树立集体意识、良好的人际交往意识和塑造良好的行为习惯；培养开朗、合群、乐学、自立的健康人格；帮助学生了解自我，悦纳自己，学会恰当地、正确地体验和表达情绪，塑造乐观、向上、自信、诚实的心理品质。

（一）小学低年级

1. 适应环境

帮助学生认识班级、学校、日常生活环境和基本规则。

参考主题：我们的校园；我的小学生活；我的老师；我的新朋友。

2. 认识自我

帮助学生了解自己的外表，初步学会自我控制，树立纪律意识。

参考主题：我的外表；管住自己我能行。

3. 学习心理

帮助学生进行学习习惯的培养与训练，初步感受学习知识的乐趣。

参考主题：学习要有好习惯；我是学习小主人；我会专心听课；克服拖拉；善于发现；学习用处多。

4. 自信心理

帮助学生初步认识自己的优点，初步感受乐于尝试的积极体验。

参考主题：我是一个顶呱呱的人；闪光的我。

5. 人际交往

培养学生礼貌友好的交往品质，在谦让、友善中感受友情。

参考主题：友善朋友多；主动说对不起；分清"借"和"拿"；学会倾听。

6. 情绪调适

帮助学生了解自己的情绪，学会体验并初步学会表达情绪。

参考主题：认识我的情绪；拥抱快乐；情绪红绿灯。

（二）小学中年级

1. 学习心理

初步培养学生的学习能力，激发学习兴趣和探究精神，乐于学习。

参考主题：我会聆听；考考你的眼力；插上想象的翅膀；养成记忆好习惯。

2. 认识自我

帮助学生了解自我，认识自我。

参考主题：老师眼中的我；爸爸妈妈眼中的我；这就是我；我是独一无二的；自信心训练。

3. 角色意识

培养学生对不同社会角色的适应，培养诚实、守信的品格。

参考主题：我是家庭小帮手；我是一名好学生；我是社会好公民；我是守时的学生；诚实的花朵；诚信在我心中。

4. 人际交往

树立集体意识，善于与同学、老师配合，培养学生合群、自主、合作的能力。

参考主题：我是班集体的一员；我是老师的小助手；合作力量大；左手和右手；换把椅子坐一坐；用爱心说实话；说"不"没关系。

5. 生命教育

了解生命的历程和珍贵，懂得珍惜生命，引导学生正确面对困难和挫折。

参考主题：我从哪里来；热爱生活；生命真美好；阳光总在风雨后。

6. 情绪调适

帮助学生感受个人想法对情绪和行为的影响，了解愤怒情绪及其应对。

参考主题：心情变形记；我的脾气听我的。

（三）小学高年级

1. 认识自我

帮助学生正确认识自己，在各种活动中悦纳自己。

参考主题：认识我的优缺点；我的兴趣爱好；做自己的美丽魔法师；我喜欢我自己。

2. 情绪调适

帮助学生正确地面对负面情绪，学会恰当地表达情绪。

参考主题：情绪"万花筒"；走出情绪低谷；放松自己、缓解考试焦虑；别让烦躁左右你的心情。

3. 人际交往

帮助学生扩大人际交往的范围，积极促进学生的亲社会行为。

参考主题：我的朋友真多；让别人接受你的批评；学会合作；乐于助人；信任他人；感恩父母（师长）。

4. 学习心理

帮助学生掌握有效的学习方法，克服学习困难，端正学习动机，调整学习状态，体验学习成功的乐趣。

参考主题：爱思考，主意多；我的学习我做主；我学习我快乐；多角度思考问题；奇妙的创造力。

5. 青春期心理

开展初步的青春期教育，引导学生进行恰当的异性交往，建立和维持良好的异性同伴关系。

参考主题：男生女生不一样；你好，青春期；学会自我保护。

6. 升学准备

培养学生分析问题和解决问题的能力，为初中阶段学习生活做好准备。

参考主题：我能解决问题；时间的妙用；向往中学新生活。

二、初中阶段

教育目标：帮助学生适应初中的学习生活环境，促进学生有效学习；帮助学生加强自我认识，客观地评价自己；帮助学生认识青春期生理和心理特征，把握与异性交往的尺度，顺利度过青春期；帮助学生进行积极情绪的体验与表达，对自己的情绪进行有效管理，抑制冲动行为，提高自控能力，培养坚强的意志力；帮助学生学习人际交往技巧，积极与教师和父母进行沟通，提高人际交往的能力；帮助学生把握升学选择方向，培养职业规划意识，树立早期职业发展目标。

（一）初一年级

1. 适应环境

帮助学生认识初中生活的环境变化，适应新环境。

参考主题：校园观察家；新环境，新生活；初中生活展望。

2. 青春期心理

帮助学生了解青春期的身心发展特点，接纳自己的变化。

参考主题：青春密码；接纳青春；拥抱青春；青春"多棱镜"。

3. 学习心理

帮助学生设立学习目标，掌握相应的学习方法，尽快适应初中学习。

参考主题：我的预习方法；我的听课办法；我是这样复习的。

4. 人际交往

帮助学生学会理解父母和教师，掌握人际交往的技巧。

参考主题：有你同行；老师伴我成长；读懂父母心；度过逆反期。

5. 人格发展

提高学生自我认识、自我评价的能力，促进学生个性的完善与发展。

参考主题：我的存在，我的价值；魅力真我个性；品味你我不同的个性。

6. 情绪调适

鼓励学生进行积极的情绪体验与表达。

参考主题：爱的力量；乐观百宝箱；希望的魅力。

（二）初二年级

1. 青春期心理

帮助学生分辨喜欢与爱，把握与异性交往的尺度，学会自我保护。

参考主题：我和青春有个约会；青春的秘密；保卫青春。

2. 学习心理

帮助学生运用各种策略进行有效学习，正确处理厌学心理。

参考主题：倾身侧耳，心无旁骛；打开记忆的大门；思维导图；质疑和解疑；学而不"厌"。

3. 人际交往

培养学生人际交往的道德感和责任感，认识网络的利弊，规范青少年上网行为。

参考主题：坚守原则更快乐；"网海"健康游。

4. 认识自我

帮助学生客观和全面地认识自己、评价自己，提高自我意识水平。

参考主题：正确评价，接纳自我；认识自我与欣赏自我；我的气质；自豪耀我心。

5. 人格发展

帮助学生提高自控能力，抵抗各种诱惑，学会面对变化的适应策略。

参考主题：与社会发展同步成长；诱惑面前不动摇；学会自我调控。

6. 情绪调适

学会有效管理情绪，抑制冲动行为。

参考主题：情绪健康"维生素"；"同理"有妙招；HOLD住我的冲动。

（三）初三年级

1. 学习心理

指导学生有效运用内外资源，提高学习效果。

参考主题：评估我的学习状态；考试的方法与技巧；面对压力，积极应考。

2. 人际交往

帮助学生正确对待学习和生活中的竞争与合作，对集体负责，对社会负责。

参考主题：合作与竞争；在团体合作中成长；做一个对社会负责的人。

3. 人格发展

培养学生的意志力，提高学生的意志力水平。

参考主题："意"比金坚；"志"在足下；坚持就是胜利。

4. 情绪调适

积极应对考试压力，快乐"中考"。

参考主题：轻松上阵迎"中考"；考试"抢分"有妙招。

5. 升学指导

了解普通高中教育与中等职业技术教育，能够根据自己的特点做出合理的选择。

参考主题：普高与职高；我的未来不是梦。

三、高中阶段

教育目标：帮助学生确立正确的自我意识，树立人生理想和信念，培养积极的人格特质，提升人格魅力；帮助学生掌握学习策略，开发学习潜能，提高学习效率，积极应对考试；帮助学生认识自己的人际关系状况，培养人际沟通能力，知道友谊和爱情的界限，正确对待和异性同伴的交往，帮助学生建立良好的人际关系；帮助学生理解压力的意义，积极应对压力，进一步提高承受失败和挫折的能力，培养良好的意志品质；帮助学生了解自己的兴趣、能力、性格、特长和社会职业发展方向，进行升学就业的选择和准备，培养担当意识和社会责任感。

（一）高一年级

1. 自我认识

深入了解自我的三个维度（生理的"我"、心理的"我"、社会的"我"），对理想自我与现实自我进行合理分析，恰当地进行自我定位。

参考主题："多面"的我；理想的自我与现实的自我。

2. 学习心理

掌握高中阶段的学习特点和学习方法，增强入学适应性。

参考主题：新学校新起点；我的学习风格；元认知策略训练（计划策略、监控策略、调节策略）。

3. 情绪调适

理解压力的意义，积极面对压力，培养心理弹性和抗逆力。

参考主题：压力的意义；积极应对压力的品质。

4. 人际交往

了解沟通的技巧，分析自己的沟通模式和特点，优化沟通能力。

参考主题：言语沟通的技巧；非言语沟通的技巧；了解自己的沟通模式。

5. 青春期心理

分析友谊与爱情的异同，恰当把握两性关系。

参考主题：友谊与爱情；爱情面面观；将友情进行到底。

6. 价值观

了解目标和理想的重要性，树立努力拼搏的信念，学会选择、学会批判、学会坚持核心价值观，合理进行人生规划。

参考主题：目标成就梦想；扬起理想的风帆；价值拍卖会；理想的人生。

7. 自信心（中职学生适用）

基于对自身成长经历的回溯，分析其中的经验与教训；在客观、综合评价的基础上，整合自身优势，提升自信心。

参考主题：积极归因模式训练；扬起自信的风帆。

（二）高二年级

1. 自我认识

初步了解自己的人格特质，培养积极的人格特质，提升人格魅力。

参考主题：寻找我的积极人格品质；展现我的幽默（善良、正直、洞察力等）。

2. 学习心理

掌握时间管理的方法，理解思维的价值，学会突破思维定式，敢于创新、勇于创新。

参考主题：管理好时间财富；做一个时间规划的高手；思维的价值；"异想天开"。

3. 情绪调适

理解挫折的积极意义，掌握"ABCDE"认知方法，增强承受挫折的能力。

参考主题：挫折的两重性；学会运用"ABCDE"认知方法；愈挫愈勇。

4. 人际交往

分析自己人际关系现状，树立"我好，你也好"的人际哲学，提升人际交往能力。

参考主题：我的人际关系图；如何"我好，你也好"。

5. 青春期心理

了解社会对男、女生的角色期望和要求，发展恰当的社会性别角色。

参考主题：看看"男女有别"；心中的"男神"和"女神"。

6. 价值观

分析"我"在家庭中的角色与义务，学会勇于承担和学会负责。

参考主题：我的家庭角色；我的家庭责任清单；我爱我家。

7. 职业心理（中职学生适用）

了解自己的学科兴趣和职业倾向，了解社会职业类别和要求，恰当处理自己选择的职业方向与父母选择的冲突，做好职业方向选择。

参考主题：职业大搜查；我的职业兴趣；我的职业方向标。

（三）高三年级

1. 自我认识

深入了解自己的人格特质，增强自我效能感。

参考主题：学会感恩；我的地盘我做主；我行我炫。

2. 学习心理

挖掘自身的学习潜能，凸显优势，激发学习动力。

参考主题：潜能无限；超越我自己；敢拼才会赢。

3. 情绪调适

剖析考试焦虑现象，掌握克服考试焦虑的考前准备、考中应对、考后调整策略。

参考主题：揭开考试焦虑的面纱；积极备"战"；放松我有"招"；应考的策略；善用考试结果。

4. 价值观

分析"我"在社会中的角色与义务，学会勇于承担和学会负责。

参考主题：社会与我；我的公民责任。

5. 职业心理

了解自己的学科兴趣和职业倾向，了解社会职业类别和要求，恰当处理自己选择的职业方向与父母选择的冲突，做好职业方向的选择。

参考主题：职业大搜查；我的职业兴趣；我的职业方向标。

6. 职业心理（中职学生适用）

在顶岗实习中，体验职业角色，感悟职业的"苦"与"乐"，体会不同职业的要求，引领自身合理定位。

参考主题：职业角色体验；我爱我岗；未来职业规划。

本指南在2016年5月1日正式施行，有效期为5年。

附录 4
《深圳市学校安全管理条例》实施细则

深圳市人民政府令第215号

《〈深圳市学校安全管理条例〉实施细则》经市政府四届153次常务会议审议通过，现予发布，自2010年3月1日起施行。

第一章 总则

第一条 为实施《深圳市学校安全管理条例》（以下简称《条例》），根据《条例》相关规定，制定本实施细则。

第二条 市、区人民政府（以下简称市、区政府）教育行政部门，依法履行《条例》规定的职责。

市、区政府财政、规划国土、人居环境、交通、卫生、公安、监察、司法行政、机构编制、文化体育、住房建设、水务、药品监管、市场监管、城市管理、应急管理等行政部门在各自职责范围内依法履行对学校的安全管理职责。

第三条 学校安全管理费用应当列入学校年度经费预算并主要用于安全宣传、教育培训、设施、设备及相关安全管理人员的费用。

第四条 政府建立和完善学校人身伤害校方责任险和学生人身意外伤害险制度。学生人身伤害校方责任险和学生人身意外伤害险由政府集中采购机构统一组织招标购买。

学生监护人可以自愿参加学生人身意外伤害险，保险费用由财政、教育发展基金和学生监护人按1∶1∶1的比例承担。

第五条 教育行政部门应当牵头组织相关行政部门制定学校安全宣传方案。

本市广播、电视、报刊、政府网站等媒体应当在每学期开学初开展学校安全知识宣传，播出或者刊登有关学校安全的公益广告。

第六条 教育行政部门每年应当会同有关行政部门对学校安全管理工作进行考核，对考核优秀的学校和安全管理人员予以表彰和奖励。

第二章 学校安全管理机构和人员

第七条 市、区政府应当采用现代科技防范措施，建立学校与辖区公安派出所直接联网的电子安全防范设施。

教育行政部门应当会同公安、卫生、司法行政、药品监管、应急管理等行政部门制定学校安全手册，指导学校建立学校信息化安全管理平台、学校网络安全、学校治安防范、预防学生滥用处方药物成瘾、教职工和学生心理健康咨询等安全管理制度和管理措施。

教育行政部门应当会同公安、卫生、药品监管、应急管理等行政部门协助学校对教师、安全管理人员和医务人员进行安全知识和技能培训。

第八条　各有关行政部门依据各自职责每年对学校及周边安全状况进行监督检查，对发现的安全隐患建立台账，并跟踪、指导、监督学校及周边区域安全隐患整改工作。

第九条　学校履行下列安全管理职责：

（一）建立健全学校和学校活动安全管理制度；

（二）建立安全工作责任制和事故责任追究制度；

（三）制定学校突发安全事件的应急预案，建立学校安全预警机制和突发事件应急机制，开展应急预案演练；

（四）建立健全学校安全宣传、教育培训、激励机制，提高师生安全意识和防护能力；

（五）依法进行学校日常安全管理；

（六）建立健全学校食品安全管理制度；

（七）依法先期处置突发安全事件；

（八）依法建立健全安全事故赔偿机制。

第十条　学校应当配备1名注册安全主任，协助校长专门负责学校安全工作，负责所在校区的学校安全工作。

学校注册安全主任履行下列职责：

（一）协助校长贯彻执行有关学校安全的法律、法规和方针、政策；

（二）协助校长建立健全学校安全管理制度、安全责任制度、隐患排查和治理制度、安全工作档案、安全操作规程和安全检查表，拟定年度安全工作计划和安全技术措施计划；

（三）参加教育行政部门组织的业务培训；

（四）监督落实学校日常安全管理制度和安全措施，协助校长处理突发事件；

（五）检查、排查学校安全隐患，发现安全隐患，提出整改意见，协助校长落实整改；

（六）拟定学校安全宣传、教育、培训计划并组织实施，配合教务、学生管理和德育机构开设学生公共安全教育课程；

（七）组织学校有关工作人员参加安全知识培训；

（八）协助校长依法处理其他学校安全事故。

第十一条　学校教师依法履行教育、管理和保护学生的职责，在教育、教学活动中发现学生有危险行为时应当及时制止。

第十二条　学校应当根据安全管理需要配备专职或兼职安全管理人员，安全管理人员在学校注册安全主任领导下履行学校安全管理职责。

学校应当配备安全管理人员，在非教育教学时间段内承担维护学生安全、午餐午休服务以及全寄宿制学校安全管理。政府办的学校可以通过向社会购买服务的方式聘用安全管理人员，其安全管理人员配备比例由市教育行政部门会同市财政行政部门、市机构编制部门另行制定，经市政府批准后执行。

第十三条　学校应当根据本校实际情况，按照机构编制部门有关人员定额的规定设立卫生室。

学校（独立校区）应当至少配备1名具备医师资格的卫生专业技术人员。寄宿制学校，应当至少配备2名卫生专业技术人员，其中至少1名具备医师资格。

学校卫生室及其卫生技术人员应当履行《学校卫生工作条例》规定的职责，卫生行政部门应当组织学校卫生技术人员进行培训。

第十四条　学校应当配备心理教师，开展心理健康教育，为学生提供心理辅导。具体人员配置按照机构编制部门的有关规定执行。

第十五条　学校应当聘请公安、司法行政、法院、检察院等部门的工作人员兼任法制副校长、法制辅导员。

法制副校长、法制辅导员应当指导、协助学校开展法制教育、预防学生犯罪、维护学校治安秩序、处理学生伤害事故等工作。

法制副校长、法制辅导员应当每2周到学校工作1次，学校发生突发事件时，应当及时协助学校处理。

第十六条　教育行政部门应当会同有关行政部门对注册安全主任进行不少于40小时的任职资格培训，培训合格方能任职。

分管安全工作的学校校长、注册安全主任应当每年接受不少于10小时的安全业务培训，参加业务培训的情况纳入学校安全管理工作的考核内容。

学校安全知识纳入教师继续教育内容；新聘教师、新任班主任的岗前培训应当包括学校安全知识内容。学校卫生专业技术人员、设备设施维护人员、校车驾驶人员、食堂工作人员等特殊岗位人员应当参加培训，并依法持证上岗。

第十七条　学生监护人应当履行监护职责，将其有效的信息联系方式及时告知学校，听取学校教师告知的未成年学生在校信息，采取合理的家庭教育方式对未成年学生进行安全教育。

第三章　学校环境安全管理

第十八条　新建学校应当避开地震活动断层和可能发生洪灾、山体滑坡和崩塌、泥石流、地面塌陷、雷击等灾害的区域以及生产、储存易燃易爆危险品的工厂、仓库，新建学校的抗震设防标准应当符合国家相关规定。

第十九条　新建学校的选址应当符合《条例》相关规定。

按照国家规定需要有关行政部门批准或者核准的学校类建设项目，规划国土行政部门核发选址意见书或者拟定作为国有土地使用权出让合同组成部分的规划条件前，应当征求教育行政部门或相应的行政主管部门的意见。教育行政部门或相应的行政主管部门的合法、合理意见，规划国土行政部门应当采纳。

第二十条　规划国土、水务行政部门应当根据安全状况巡查学校周边的山体、水流、斜坡、挡土墙，发现对学校建筑物、活动场所、通道存在安全隐患的，按照《条例》相关规定及时处理。

第二十一条　公安、城市管理、科技工贸信息、人居环境、住房建设、应急管理等行政部门应当加强学校周边垃圾站（中转站）、垃圾处理厂、加油站、加气站和易燃易爆的危险品仓库的管理，依法查处不符合国家标准的加油站、加气站和易燃易爆的危险品仓库。

第二十二条　建设单位和施工单位应当加强对学校周边建筑工程施工工地的安全管理，发现隐患应当及时整改。

住房建设行政部门应当加强对学校周边建筑工程施工工地安全隐患的监督检查。对安全隐患严重、危及师生安全的建筑工程施工工地，住房建设行政部门应当责令停止施工，并限期整改；整改合格后，方可复工。

第二十三条 交通、水务行政部门应当在高速公路和水库紧邻学校的一侧设置保护性围栏和安全警示标识，对紧邻学校的高速公路、水库加强巡查。

第二十四条 学校周边区域的单位和个人超过国家规定噪声标准造成环境噪声污染的，人居环境行政部门、公安机关应当依法制止、查处环境噪声污染违法行为。

第二十五条 交通行政部门、学校所在的小区物业管理单位或其他有关单位应当在学校周边区域道路设立限速标志、减速线及其他道路交通标志和标线。

学校上学和放学时段，公安交通管理部门、学校所在的小区物业管理单位或其他有关单位应当设置护学岗，协助学校安全管理人员维护交通秩序。

第二十六条 公安机关、学校所在的小区物业管理单位及其他有关单位在学校教育教学期间，应当每日定时对学校周边区域进行治安巡逻，保护师生人身和财产安全。

第二十七条 公安、卫生、市场监管、文化体育等行政部门应当根据各自职责加强对学校周边的书报刊零售点、歌舞厅、发廊、酒吧、网吧、商店、餐馆及其他经营场所的日常监管，依法及时查处生产、销售、租赁非法出版物、假冒伪劣商品等违法行为。

第二十八条 有关行政部门开展学校周边区域各类隐患的排查治理、整改验收等工作，应当听取当地教育行政部门或相应的行政主管部门和附近学校的意见。

第四章 学校设施安全管理

第二十九条 学校建筑物、场地不符合安全标准或者规范的，应当立即停止使用，设置醒目的安全警示标志或者安全围栏，并及时整改。

对于难以判断的建筑物、场地安全隐患，学校应当委托建筑质量鉴定机构进行鉴定，经鉴定确实存在安全隐患的，应当采取措施并向行政主管部门报告。

学校建筑物、场地维修竣工后，应当按照《条例》相关规定进行验收，验收合格后方可使用。

第三十条 学校在每学期开学前应当组织对学校设施、设备进行消防安全和质量安全检查，发现安全隐患，应当及时进行整改。

公安消防机构应当将学校列入消防安全重点单位，并对学校消防安全日常管理进行指导。

第三十一条　学校应当对建筑物、场地、设施、设备的安全检查、管理做好记录，并分类归档保存。

第三十二条　学校应当在学校区域内具有危险性的教育教学和生活服务设施设备、建筑物、易发生碰撞和滑倒的场所及校内施工区设置明显的安全警示标志或者安全警示围栏。

第三十三条　交通行政部门应当协助学校对学校道路进行交通安全规划，设置规范的学校道路交通标志、道路交通标线和机动车泊位标志。

发生学校交通事故，学校应当向公安交通管理部门和教育行政部门或相应的行政主管部门报告，公安交通管理部门应当及时处理。

禁止学生在学校内驾驶机动车、电动自行车和使用滑轮、滑板。

第三十四条　学校应当在教学区和生活区的多层建筑物的每一楼层及楼梯间设置安全指示标志、应急照明设备、施划区分上下楼梯标线。

学校应当保证学校教学区、生活区照明设施和照明灯具的正常使用，发现照明设施和照明灯具损坏，应当及时维修和更换。

第三十五条　学校食堂应当取得餐饮服务许可证，市场监管行政部门应当依法按照学校食堂卫生监督量化分级管理制度，根据卫生安全状况监督检查学校食堂卫生安全情况。

学校内的食品经营场所，应当取得食品流通许可证或相应的营业执照，不得无证、照或超范围经营。市场监管行政部门应当每年根据学校安全状况监督检查学校经营场所的卫生、经营情况。

校外配餐单位应当遵守《深圳市中小学校外配餐管理办法》，保证学生食品安全，承担食品安全责任。

第三十六条　寄宿制学校和有寄宿学生的学校应当建立学生宿舍管理岗位责任制，实行学生宿舍管理人员24小时值班、点名和夜间巡查制度，保持消防通道畅通。

未经学校允许，外来人员不得进入学生宿舍。

第三十七条　学校应当按照《深圳市校车交通安全管理暂行办法》的规定制定校车管理制度，明确司乘人员责任，规范学生乘车行为。

公安交通管理部门应当将查处的校车违法情况及时告知教育行政部门，教育行政部门应当依法对相关责任人进行处理。

第五章　学校活动安全管理

第三十八条　对小学四年级以下的学生应当建立上下学交接制度。学校应当安排专人看管晚离学校的四年级以下学生。

第三十九条　学校应当建立学校信息化安全管理平台，将学生到校和离校情况，迟到、早退、旷课情况，学生身体和心理的异常情况以及其他关系未成年学生人身安全的信息，及时告知其监护人。

教育行政部门或相应的行政主管部门应当指导和协助学校建立学校信息化安全管理平台。

第四十条　学校发现教职工患有精神性疾病、传染性疾病或其他可能影响学生身心健康的疾病，应当及时将患病的教职工调离与学生直接接触的工作岗位或者离岗治疗。患病教职工经二级以上综合医院或专科医院临床治愈的，学校应当恢复其原有的工作岗位；疾病确实不能根治的教职工，学校应当按照国家有关规定处理。

第四十一条　学校应当根据医疗机构出具的诊断证明，在教育教学活动中保护有《条例》规定情形的学生。

市卫生行政部门应当会同市教育行政部门对《条例》规定的特定疾病、特异体质或者其他异常生理、心理情况及其处理措施做出具体规定。

第四十二条　学生患有精神性、传染性疾病或其他可能影响学生身心健康的疾病，学生监护人应当及时送学生到医疗机构治疗。患病学生不适宜在校学习的，学生监护人应当向学校申请休学。

学生监护人不申请休学的，学校可以根据学生病情做出休学决定，并送达学生监护人。学生监护人对学校休学决定不服的，可以按照《深圳经济特区司法鉴定条例》的规定申请司法鉴定，经鉴定，学生无需休学治疗的，学校应当撤销休学决定。

患病学生康复的，可以向学校提交二级以上综合医院或专科医院出具的医疗证明书申请复学。

患病学生及其监护人不得妨害学校教育教学秩序。

第四十三条　公安、卫生、药品监管等行政部门应当指导学校建立预防学生吸毒和滥用药物成瘾的安全管理制度。

学校发现学生吸食毒品和滥用药物成瘾的，应当及时告知学生监护人和公安机关，学生监护人和公安机关应当及时处理。

第四十四条　学校应当按照《中小学公共安全教育指导纲要》开设公共安全教育课，并将其纳入课程计划，开展学生生存教育、自护自救能力教育和健全人格教育，使学生掌握基本的避险、救生和报警的方法。

学校应当结合本校及周边环境情况，在安全教育周期间对师生进行安全教育、生存自救演习，使师生熟悉学校及周边安全环境，增强师生防灾、自救、互救能力。

学校对学生进行安全教育和生存自救演习应当做好记录，并归档保存。

第四十五条　学校按照有关规定开展与学生的心理、生理特点和身体健康状况相适应的军训和体育活动。

任课教师在体育活动前，应当询问学生的身体状况，并针对学生的身体状况采取必要的保护措施或者安排适当的活动。

第四十六条　学校在学校内组织学生人数1000人以上的集体活动，应当按照《中小学幼儿园安全管理办法》的规定，由活动的组织者制定安全预案，经学校注册安全主任核准并报校长批准后实施。

第四十七条　学校组织学生到校外集体活动应当按照《条例》相关规定进行，事前应勘察活动场所，对活动场所、行进路线、交通工具、器材设备等情况进行安全检查。

活动开始前，学校应当对学生进行针对性的安全教育，以书面形式将活动的时间、地点、内容、注意事项、活动结束时的地点、是否同意参加等告知监护人，监护人应当在回执上签字并送交学校。

第四十八条　学校组织的校外大型活动，应当将安全方案报送教育行政部门或相应的行政主管部门备案。超过1000人以上的大型集体活动，应当按照《大型群众性活动安全管理条例》的规定报活动所在地公安机关批准。

学校组织学生到校外活动，应当事前告知活动所在地有关单位，有关单位应当采取适当的安全措施，协助学校组织活动。

第四十九条　非教育教学时间是指《条例》规定的教学日中，7时至18时内除去规定的教育教学时间（小学6小时，中学8小时）以外的剩余时段。

非教育时间的学生安全管理的具体规定由市教育行政部门另行制定。

第六章 应急救助与事故处理

第五十条 市教育行政部门应当会同相关行政部门统一建立应对灾害、突发公共卫生事件、恐怖事件及其他紧急事件的学校应急处理机制。

第五十一条 学校出现紧急事件时应当优先救助学生,稳定学校秩序。学校教职工应当履行保护、救助学生的职责。

突发事件应急处理结束后,学校或者有关行政部门应当采取措施,对学生进行心理辅导,减少紧急事件对学生的不良影响。

第五十二条 学校发生学生人身伤害事故,学校应当采取以下措施予以处理:

(一)采取合理的急救措施,及时进行救助,防止学生伤(病)情扩大。学校无法处理时,应当及时送往医疗机构治疗;

(二)将学生人身伤害事故信息告知学生监护人,按有关规定向教育行政部门或相应的行政主管部门报告,并及时进行事故调查;

(三)学生人身伤害事故涉嫌违法犯罪的,学校应当保护事故现场,立即向所在地公安机关报告,协助公安机关做好调查取证工作。

第五十三条 鼓励学校、保险机构、学生监护人就学生伤害事故赔偿等事宜进行协商。

第五十四条 学生之间因违反学校纪律造成的伤害,当事双方的监护人请求学校主持进行调解的,学校应当进行调解。

当事人不能就学生伤害事故赔偿达成协议的,可以向教育行政部门或相应的行政主管部门申请调解。

教育行政部门或相应的行政主管部门依法在查清事实,分清责任的基础上,引导当事人自愿达成调解协议。双方当事人自教育行政部门或相应的行政主管部门受理调解之日起20日内达不成调解协议的,教育行政部门或相应的行政主管部门终止调解。

第七章 法律责任

第五十五条 学校有下列行为之一的,由教育行政部门或相应的行政主管部门责令限期改正,并予以警告;逾期不改正的,予以通报批评;存在重大安全隐患的,责令停办或依法吊销办学许可证:

(一)违反第九条第(一)项规定,未建立学校安全管理制度的;

（二）违反第二十九条、第三十二条规定，未设置安全警示标志或者安全围栏的；

（三）违反第三十条规定，发现学校设施设备存在安全隐患，不及时整改的；

（四）违反第四十四条规定，未开设公共安全教育课程或者未对师生进行安全教育、安全应急演习的。

学校有前款规定行为之一，造成重特大伤亡事故的，对政府举办学校的校长应当给予撤职、开除公职处分，民办学校或者合作举办的学校的举办人、学校安全责任人或者其他直接责任人员5年内不得从事学校管理事务；涉嫌犯罪的，移送司法机关追究刑事责任。

第五十六条　教师有下列行为之一的，学校依法予以处理：

（一）违反第四十五条规定，组织体育活动时未采取必要的保护措施的；

（二）违反第五十一条规定，发生紧急事件时不优先救护学生的。

第五十七条　有下列情形之一的，由学校依法予以处理：

（一）注册安全主任违反第十条规定，不履行职责造成严重后果的；

（二）宿舍管理人员违反第三十六条规定的，值班时擅自离开岗位、发现异常情况不记录或者不向学校注册安全主任报告造成严重后果的。

第五十八条　相关政府行政部门有下列行为之一的，由任免机关、监察行政部门或者其他有关行政部门对其主要负责人和直接责任人依法予以处分；涉嫌犯罪的，依法追究刑事责任：

（一）违反第十九条规定，规划国土行政部门在审批建设用地规划许可时，对学校选址不进行审查或者虽经审查不符合规定而颁发建设用地规划许可证的；

（二）违反第二十条规定，规划国土、水务行政部门对学校存在安全隐患建筑物、活动场所、通道未按照《条例》相关规定及时处理的；

（三）违反第二十二条第二款规定，住房建设行政部门对安全隐患严重、危及师生安全的建筑工程施工工地不及时处理的；

（四）违反第二十三条规定，交通、水务行政部门在水库和高速公路紧邻学校的一侧未设置保护性围栏和安全警示标识的。

第五十九条　学生监护人违反第四十二条规定，拒不执行学校休学决定，妨害学校教育教学秩序的，由公安机关依法予以处罚；涉嫌犯罪的，移送司法机关追究刑事责任。

第八章 附则

第六十条　教育行政部门、卫生行政部门应当自本细则实施之日起6个月内制定相关规定并组织实施。

自本细则实施之日起1年内市教育行政部门应当会同相关行政部门开展执法检查。

第六十一条　本实施细则自2010年3月1日起实施。

附录 5

自杀风险评估表（参照北京大学心理咨询中心徐凯文版撰写）

自杀、自伤评估表

	无（分）	有（低）（分）	有（高）（分）
评估自杀、自伤计划	0	1	2
评估既往相关自杀、自伤经历	0	1	2
评估目前现实压力	0	1	2
评估目前支持资源	2	1	0
临床评估	0	1	2

以下为依据得分范围所得的评估结果：

0-2分，可以回家，报告督导，需要观察随访。

3-4分，报告行政领导、班主任、家长，密切观察随访，24小时监护，24小时后再评估。

5-6分，报告行政领导，联系班主任，密切观察随访，通知父母，送精神科门诊，24小时监护，强烈建议住院。

7-10分，通知父母，立即住院。

使用上述表格进行评估时，可以问以下结构性问题：

· 你很想立刻结束自己的生命吗？

- 你计划怎么结束自己的生命？你将如何实施？
- 你现在想活着的愿望有多强烈？
- 你每隔多久就会有自杀的念头？
- 当你有自伤的想法时，一般会持续多长时间？
- 你是否曾经实施过自杀？什么时候？
- 你是否曾经写过自杀遗言，或者你是否计划写自杀遗言？
- 有什么特别的事情发生让你觉得生命这么不值得留恋？
- 有没有什么人或事能够阻止你？
- 你有什么亲密的朋友吗？你觉得孤独吗？

附录 6

学生评估面谈指引

注意：评估面谈必须由曾接受辅导训练，且具备处理学生情绪反应知识及技巧的学校辅导人员进行。

学生评估面谈旨在识别"危险因素"与"保护因素"。学校辅导人员须凭个人直觉与客观回应两者并用，以判断学生是否有自杀危机及危险程度有多少。一般情况下，最适当的做法是以一连串相关的问题去了解学生当前的自杀念头，而非直接切入自杀这个话题。

学校辅导人员亦应小心地聚焦在学生不应执行自杀计划的正面原因，以便在评估过程中同步开始介入，从而与学生建立良好而稳固的关系。

面谈时提出的问题从以下几个方面进行：

一、家 庭

（1）可否形容一下你的家庭？你的家庭有哪些方面是你喜欢的？有哪些方面是你想改善的？

（2）你怎样形容与父母、兄弟姊妹及其他家人的关系？

（3）你与哪个家人最亲近？

（4）你在家中有什么责任？

（5）你的家庭采用什么管教方式？

（6）你会向谁透露心事或秘密？

（7）你的家人怎样表达情绪（如愤怒、悲哀）？

（8）你的家庭最近有没有遇到压力（如死亡、意外、自杀）？

（9）你的家庭有慢性病或精神病记录的成员吗？

二、支援系统

（1）你有没有十分要好的朋友？他们是谁？你们有没有定期联络？

（2）当你想向人倾诉时，你会找谁呢？

（3）你知道谁是你的学校社工吗？如需协助，你知道怎样跟他/她联络吗？

三、自 己

（1）你喜欢/不喜欢自己哪些方面？

（2）父母认为你在有关方面的表现如何？

（3）父母对你有什么看法？他们对你有什么期望？

（4）你的朋友会怎样形容你？

（5）当你感到沮丧、不安或伤心时，你会做什么？

（6）在你的生命中有什么事令你感到最大压力呢？

（7）你通常会怎样处理压力？

（8）过去有什么经历对你造成最大的创伤（如身体虐待、性侵犯）？

（9）这个经历令你有什么得和失？

附录 7

关于××同学情况的家长告知书

样本1

××，（年级、班级、学号）在深圳中学就读期间，因……发现其有……行为。（需要记录其情绪、行为、意志等精神状况）

学校已启动心理干预的三级预防系统（学生陪同，心理老师疏导，学校通知监护人），在本阶段尽到了相应的监管职责。监护人应陪同该生前往专业医院评估心理健康状况，看其是否适合继续学业。在该生未消除自杀意念及行为企图前，如果该生坚持在学校继续学习，学校无法保障其安全。

监护人：

日期：

×××中学

日期

样本2

××，（年级、班级、学号）在深圳中学就读期间，因……发现其有……行为。（需要记录其情绪、行为、意志等精神状况）

学校已启动心理干预的三级预防系统（学生陪同，心理老师疏导，学校通知监护人），在本阶段尽到了相应的监管职责。在该生未消除自杀意念及行为企图前，如果该生坚持在学校继续学习，其风险程度会升高。本着对学生生命负责的态度，建议监护人陪同该生前往医院儿童心理保健科或者综合医院心理科，做心理健康状况的评估，看其是否适合继续学业。专业医院的评估对于学校后续给该生提供有针对性的教育环境至关重要，敬请家长重视该生的心理问题，及时就医，并在就医后向学校心理老师反馈结果。如您有就医或转介至社会专业心理咨询机构获得建议的需求，学校会给予相应的协调支持，感谢您对学校工作的理解。如诊断后有抑郁状态等类似评估，为保障学生安全，不建议留校住宿。

监护人：

日期：

×××中学

日期

附录 8

致班主任的一封信

新学年伊始，学生辅导中心利用心理测评系统，为每名进入深圳中学的高一新生进行了心理健康测评。在心理测评的有效量表中，有个别学生的测试结果显示其在学业、人际、生活适应等方面有一定的心理困扰。针对此类学生，如何在日常班级管理中跟进，建议遵循以下基本原则：

一、保密原则

预警名单中的学生在目前这个阶段，他们的求助动机未必很强，一般比较介意其他人知道他们的真实状况，测试结果的异常部分对他们也是不可见的。那么，老师们需要对这些学生进行一定的保护，尽量不要在公共场合谈论这些学生。因为一旦这些学生知道他们被预警，难免对自己或被别的同学贴标签，这很可能成为一个新的刺激事件，进一步提高危机风险程度。

二、低调关注

低调关注包括对其基本的家庭状况、既往病史、学习、人际适应情况等相关信息的了解，也包括对已经观察到有需要的同学提供必要有效的支持。如有同学在人际适应上有困难，可以安排有能力、有意愿帮助他的同学给其提供人际支持。

三、持续跟进

如果观察到预警名单中的学生并没有什么异常表现，适应情况还可以，暂时不用为其特别做什么事情，但是建议依然持续关注。因为进入预警名单的学生，相对于其他人，可能在适应能力、认知水平、心理承受能力等方面会比较弱，所以一旦后续有新的压力事件刺激，他们发生心理危机的概率也会更高一些。

四、组织多元活动，促进班级融合

根据以往对咨询学生的跟踪及研究发现，班级内人际支持系统良好，班级氛围融洽，一方面，有利于帮助学生应对进入新环境中遇到的各种挑战；另一方面，良好的朋辈支持，对于一开始就在学校生活方面有心理困扰的学生，可令其减少防御，提高其愿意接受外界帮助的意愿，从而降低风险系数。因此，设计系统的适应类、融合类的主题班会活动，可以帮助学生更好地适应新环境、缓解压力，营造良好的班级氛围。

在过程中如需协助，班主任可主动联系该班级对口的心理老师。

心理老师联系电话：××××××

附录 9
某重点中学心理危机个案成因分析及缓释对策思考

2016年中考人数是7.1万人，录取比例是5.47%，这意味着，进入该重点中学的学生是真正意义上的百里挑一，如果采用比较狭义的概念，这些学生可以被称为是一个庞大的绩优生群体。这些绩优生入校后一方面头顶光环承担着社会、学校和家长的高期望，一方面也滋生着一系列与其学业成就环环相扣的认知、情绪、情感问题。某学校中心共接待来访学生132人，总计335次咨询。来访人数和咨询次数都创了新高。同时处理自伤、自杀风险个案20例。这一人数远超去年中心1年处理的风险个案数量。一方面，风险个案增多是全社会面临的共同问题（来源：深圳市公安局2016年1月至8月31日的统计数据）。今年全市青少年自杀个案27例，其中22例自杀成功，5例抢救及时，未遂。成功实施自杀的22例中，有5例小学生。另一方面，该校学年的危机个案数也远高于人群危机个案的常态比例。危机个案频出，也促使我们经常思考各种可能的原因。美国自杀协会主席希尼亚帕佛认为，防止自杀最好的办法不是注意自杀本身，而是应当更广泛地注意是什么原因导致自杀的发生。本文依据心理学的有关理论，结合我校心理危机的现状，对个案进行梳理，寻求共性，对成因进行合理地分析和解释，探求其心理问题产生的深层次原因，并尝试通过有效措施，消除这些导致危机的危险因素，预防危机事件的发生。期望学校据此可以为这样的群体提供具有支持性和适切性的教育环境。

一、总体状况

在这学期出现的危机个案中，年级分布如下：

初一年级：1例。

初三年级（初中部）：1例。

高一年级：8例。

高二年级：4例。

高三年级：6例。

对20例个案的评估情况如下：

自伤：2例。

自闭症（含亚斯伯格症）：2例。

抑郁情绪障碍（含双向障碍）：16例。

性别比例：

男生：7例。

女生：13例。

诱发危机的内部因素分析：

1. 抑郁与焦虑

在处理20例危机个案中，其中16例在专业医院的评估中均有抑郁情绪的诊断，而16例中，有6例在入高中前已有抑郁情绪的表现，10例是在不同阶段的环境适应中，受自身人格因素、学业压力因素、家庭因素、同伴因素诱发的抑郁情绪障碍。

从危机个案咨询者自述的内容来看，绩优生患抑郁情绪障碍的原因，大多与高度成就需要有关。由于对成功抱有过高的期望，最初在对成功的追求过程中全力以赴，所以一旦面临无法逃避的失败或更具竞争力的对手时，就会感到希望破灭，自我贬低，意义感丧失，继发抑郁。而高压力的学习环境，会不断加重这种抑郁与焦虑情绪。而抑郁双向则会表现为情绪起伏很大，抑郁与躁动的情绪切换频率高，时而低落，时而情绪高亢。容易与日常常人的愉悦与烦躁的情绪表现相混淆。而抑郁双向发作时，高风险性在于，处于烦躁状态下，个体往往不清楚自己在做什么。

2. 封闭与敌对心理

大部分危机个案长期过度追求学习成绩，他们迫于成绩的压力，倾向性地把关注的目标全部投向考试科目，把大部分时间用于学业，较少与同学交往、沟通，内心封闭，不愿与人进行深度的交流，即使他们可以维持表面上与人的积极互动，但内心是很孤独的。他们往往过分关注自己的形象和别人的评价，不少人为保持更为优秀的评价承受了巨大的压力，甚至把所有的同学都当成竞争者，担心被超越，一旦被超越或被人忽视则难以接受。人际交往中过度关注自己的感受，利他性不强，在遭遇挫折时，人际支持系统相对较弱。

3. 人际"链接"能力和支持系统薄弱

青春期阶段，成功建立和保持同伴关系可以间接肯定其社会和心理调节能力和成就。心理学相关研究表明，在组织中的归属感和与人的链接感可以降低青少年的同一性危机的产生。同伴关系之所以如此重要，就是源于青少年对于自己的不确定和焦虑感。他们缺少清晰确定的人格和可靠确定的同一性。所以，他们需要朋友在身边，这些有助于推动他们社会化的发展。在大部分的危机个案中，共性的一点是，这些学生很少参加学校及社团活动，即使参加，也很难在组织中找到归属感。他们有与人链接的意愿，但是在与人互动的过程中，过于以自我为中心，利他感不强。他们的自尊和自我价值的肯定更多是来自于学业，所以一旦学业遇到较大挫折时，他们往往缺少同伴的支持。即使有支持，他们的自我中心及人际交往能力的缺乏，也让他们较难在此支持中获得力量。

二、诱发危机的外部因素分析

基于环境系统理论，诱发危机个案产生的外部因素，主要包括家庭因素和学校因素两种。

（一）家庭因素

（1）家庭结构不完整。本学期的危机个案中，有4例属于单亲家庭。不完整的家庭结构，一方面给学生带来的支持性不足，另一方面也因为来源于单亲家庭，主要抚养人对孩子给予了过高的期待，希望孩子学业上的优异可以补偿自己在养育过程所付出的辛苦以及作为个人价值体现的一部分。而这种补偿机制有时候是家长意识不到的。孩子在努力实现这个期待的过程中，一旦自己达不到，就会产生很强烈的内疚心理，自尊降低，自我价值感容易丧失。

（2）家长风险意识不够、支持性不足。绩优生个体多数是有完美主义或高自尊的特点，他们往往很难表达求助之需求，其口头的自杀意图经常伴随的是冷漠、若无其事或者攻击等情绪解离的表现，这也容易导致很多家长对于孩子的风险意识不足，将孩子自杀或自伤的行为定义为是一种要挟行为，从而采取忽视的态度，或者是出于对孩子的这种情况不知如何应对的恐惧，采取简单粗暴的方式予以处理。孩子发出求救信号而得不到想要的回应及理解性支持时，容易心灰意冷，会加剧无助感，提升其自杀意念及行动的可能。

（3）家长不接纳、不理解孩子的情绪问题。很多孩子在最初有一些抑郁情绪表现，而向家长求助时，家长往往不能正确科学地理解孩子的问题，对于就医、咨询往往采取回避、拒绝的态度。因为他们的不接受，会削弱孩子的求助意识，致使情况持续恶化，情绪无处宣泄，导致极端行为出现。

（二）学校因素

学校作为学生生活和学习的主要场所，其提供的环境对于学生的心理状态有着直接而深刻的影响。仅从危机个案咨询中反馈出来的信息看，目前诱发学生心理危机产生的学校因素主要有以下几个方面：

1. 生源渠道不统一

有2例危机个案在入学时为指标生，入学成绩低于该校录取分数线。2名学生入学后即感受到巨大的学业压力，经过自己的种种努力和尝试，发现也很难在学业上有所突破后，产生很强烈的绝望感，伴随躯体的睡眠、饮食障碍及焦虑情绪，从而诱发抑郁。

2. 教育教学机制缺少弹性

危机个案中有2例学生的抑郁情绪严重化，与不能及时转换体系有关。1例是没有出国的计划，在入学前选择就读方向时，因人不在当地，对高考方向存在不合理的认识，且选择国内高考方向需要参加现场选拔，所以参加了国际方向的线上考试，入学后进入国际课程班。但是因为其没有出国的计划，在国际课程班，顶着出国和高考的双重压力，而身边出国的同学都有计划地、有目的地安排学业，感觉很焦虑，向学校提出转方向申请，学校答复要1个学期后才可以转方向。自感短期内转出无望，但是群体和环境压力又无法缓解，开始出现失眠、饮食障碍、兴趣下降，抑郁状态加重，直至出现典型的抑郁情绪障碍表现。另外1例情况类似，高一在国际课程班上，入学1个月后，希望能转国内高考，遂学业上几乎放弃，自诉是因为转方向后这些学的东西都用不上。高一下半学期转入国内高考，发现上课讲的东西几乎都听不懂，为此很受挫，进入一个放弃状态，渐渐转为厌学，其间班主任、心理老师主动干预，但效果甚微，最后演变为抑郁情绪障碍发作，产生自杀想法。

3. 集体高压的竞争环境

在所有危机个案中，多数学生在咨询中自述来自于学业的压力最大。无论成绩好与不好，都不能令自己满意。成绩好的，处在稍一松懈很有可能就被赶超的惶恐中；成绩不好的，觉得自己无论如何努力，都很难在学业上有好的表现，处在习得性无助的绝望中。同伴间的相互竞争很激烈，这几个危机个案的学生几乎都不参加学校的各类活动，专注学业，唯有学业和各类竞赛成为自我肯定的重要途径，一旦在学业上遭遇失败，幻灭感就很强。国际方向的个案，承受国内课业、国外升学以及活动和成绩都要好的双重高要求下，压力感很大。这些学生入学前的自我期待整体水平就偏高，一旦自己的能力不能与期待相匹配时，就容易引发心理困扰。

三、降低危机频发的策略思考

1. 日常教育渗透，帮助学生确定适度的学习焦虑水平

心理学研究表明，适度的紧张焦虑水平与学习效率之间的关系，可以描绘成倒"U"形曲线。这告诉我们，中等程度的焦虑有利于学生学习效能的发挥，过度的焦虑或无动于衷都不能表现出良好的学业成绩。过高期望而产生的高度焦虑往往将学生放在一个比较尴尬的位置，日常的教育环境中，需要适度降低对学生的高期望、高要求，这种环境包括适度的学业要求、有指导性的学习过程的评价以及与学习能力适配的教学内容等。

2. 建构多元、务实的评价体系

单一的升学评价机制，对于学生来说是最大的、残酷的现实。多元的校园环境与选择，如果能匹配多元的评价机制，对于通过选拔上来的绩优生群体，是一种心理上建立合理自我评价的缓冲及完善机制。只有多元选择，而没有多元的评价，会让学生在选择的过程中增加更大的心理负担与冲突。即尝试努力发展自己学业以外的能力，但是这种能力不能被正式、客观地认可，而最后还是会归口于学业评价时，一旦学习成绩不理想，本来想发展其他能力的合理诉求就会演变为一种不务正业，这种冲突与矛盾势必会增加学生的心理负担。

3. 增强管理制度的灵活性

制度的建立除了使学校管理的行为更规范外，应该是更好地服务于学生。所以，在学生遇到特殊情况时，制度应该是要具有弹性的。2例危机个案中，如果能在心理危机出现的早期阶段完成环境上的转变，后期情况加重的可能就会大大降低。因此，学校应出台特殊情况处理的配套规定，更好地为有特殊需要的学生服务。

4. 加强班主任培训，加强危机预防工作

大部分的危机个案呈现的问题主要与适应相关，那么在危机早期阶段，如果能够进行预防性的干预，对于降低危机情况的发生应该是有效的。比如，每一年开学的初始阶段，根据不同年级的适应特点，利用班会课加强团建等内容，为人际适应方面有困难的同学提供特殊的人际支持小组。同时为班主任提供应对一般心理困扰学生的方法与技巧培训，继续引入C证、B证的培训。

附录⑩
高中学校生命教育方案——以深圳中学为例

一、生命教育的意义

社会的快速发展与转型，给各个社会群体都带来压力和挑战，适应困难的人普遍增加，尤其是有"忧郁倾向"的人口极速累增，自杀率提高。青少年群体亦不能例外。在青少年群体中呈现出不知爱惜自己、颓废、消极观念等不健康的取向，并常有践踏生命的偏差行为，青少年轻视生命的社会现象屡见不鲜。

人的生命是发展与创造文化的动力，也是教育历程唯一的对象。人的生命不存在，即教育没有了舞台，无用武之地，轻视生命的文化也将大幅度降低教育应有的功能与绩效。因此有必要从学校教育及社会教育着力，强调积极、正向的生命意涵，强化此基础工作。

二、生命教育的目标

高中阶段学校实施生命教育，对学生个人而言，需达成下列三个阶层的教育目标：

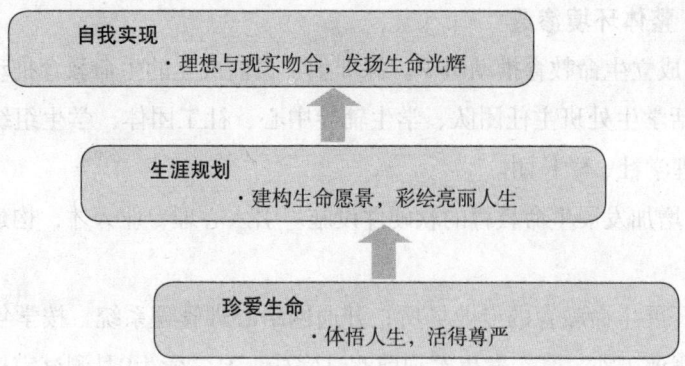

生命教育最基础的目标，是培养学生珍爱生命：学生在整个教育历程中能够体悟身为人的意义与价值，重视生死大事，珍爱自己，保护生命，了解生命来之不易，也能体验生命成长的艰辛与苦难，并能够化为更积极正向的行动，认真生活，发扬生命的光与热，活得有尊严。

生命教育的第二阶层目标，是协助学生设计充实自己的发展生涯：学生能够体悟人生，活得有尊严之后，更进一步能够建构生命愿景，从个人的"生命与自我""生命与他人""生命与社会"等层面，设定明确努力的指标意涵，彩绘亮丽人生。

生命教育的最高目标与教育及辅导工作目标一致，均在促进学生自我实现：学生学习如何适时地建构自己的理想，并努力做到使现实与理想吻合，达成自我实现；在生命成长与发展历程中，能够不断达成理想与现实的一致，从而拥有一个快乐、充实、有意义的人生。

三、生命教育的实施

高中学校在推动生命教育方面，主要从"整体环境渗透""融合课程教学""加强教师培训""推进亲职教育"以及"丰富学生活动"五方面着手，具体操作方案如下：

环境	·制订计划、督导落实、提供支持
课程	·融合课程、主题教学、活动作业
教师	·关心学生、提升技能、专业辅导
学生	·珍爱生命、规划生活、自我实现

（一）整体环境渗透

（1）成立生命教育推动组织。深圳中学目前成立的生命教育推动组织，学校组织包括学生处班主任团队、学生辅导中心、社工团体，学生组织包括朋辈社团、心理学社、学长团。

（2）增加发展生命教育的软硬件设施。引入心理专业人才，构建生命教育专业队伍。

开辟开展生命教育的专业场所；开通网络心理管理系统，按学年开展学生心理健康测评工作，高一学生军训前测试完毕，高二学生9月测试完毕。学生辅导中心当年11月前完成预警学生档案建立及一次跟进。

（3）制订年度生命教育实施计划，纳入学校整体教育规划。

（4）督导各方落实生命教育方案。

（5）家校联合机制：针对特殊类型的学生，辅导中心与社工机构联合进行家访活动。

（二）融合课程教学

1. 集会课程

依托生命教育周活动，进行班级集会和体系集会各一次。

班级集会设计以学生参加生命教育周活动经验的分享为主题；体系集会设计成生命教育活动周的表彰会，通过表彰人传播积极的价值观念。

2. 生涯规划课程中渗透生命教育

（1）校本课程"生涯规划"中渗透生命教育内容，涉及高中生的自我发现、目标管理模块、情绪管理、人际关系。

（2）依托课程，发现对象，开展生命教育小组活动，每学期一次。

3. 学科实践类课程中渗透生命教育

相关科组规定一次与生命教育有关的主题探究，即让学生在某一次探究活动中统一选取和生命有关的课题进行探究，促使学生主动地、从实践探究中去进行自我生命教育。

学科	课程内容	生命教育联系点	实施部门
物理	高一教材：匀变速直线运动与汽车行驶安全	将物理公式应用到现实生活，如汽车安全行驶的过程中，引导学生思考生命与汽车行驶安全的关系。如在酒驾行驶过程中会让速度变快，而驾驶者却不知情，导致严重事故；如飙车引发的安全行驶事故。可以在解题和讲题的过程中，让学生意识到不良的驾车行为会引起交通事故，甚至失去生命	物理科组
政治	高二第四册：实现人生的价值	人生的价值是人们用一生去探索和践行的主题。有的人默默无闻，有的人名垂千史。每个人都有自己的生活方式，都有自己理解的人生价值。让学生在课堂中就"我所认为的价值"或"如何去实现自己的价值"进行讨论，在讨论的过程中让学生感悟生命的意义	政治科组
语文	高二语文必修五：戏剧单元《哈姆雷特》	亲情、友情、爱情是我们人生中非常重要的财富。平时生活中，也许我们并没有意识到它们的重要性。哈姆雷特失去了亲情、友情、爱情，但是他仍然没有选择死亡。在课堂中可以通过做活动，让学生思考如果他们失去了亲情、友情或爱情，他们的生活会怎么样？再让他们反观哈姆雷特，尽管生活的一切都背叛了哈姆雷特，但他并没有毁灭自己而依旧活着。活着就有希望，活着真好	语文科组
生物	高中必修二：遗传和变异	在教授"遗传和变异"的内容时，让学生体会生命来到世界上是一个极偶然的机会，每个生命总是包含出生、成长、死亡的过程；这一生命过程是短暂的和宝贵的。可设计一些问题让学生讨论，如：人生短暂，一个人怎样能发挥潜能，使自己生活得有意义，实现人生价值？通过热烈讨论，大家认识到，要关爱他人，珍惜时间，学业有成，为国家做一番事业，生命才有意义和价值。使学生确立生命与自我、生命与社会的和谐关系	生物科组
	高中必修三：生态系统及其稳定性——设计并制作生态缸	生态缸中包括动物、植物、泥土等，只有比较合理的设计，才能让生态缸中的物种安然生存。社会中每个人的角色就像生态缸中的每个物种，每个角色做好自己的工作之后，整个社会就能有条不紊地运行，就像生态缸一样。也许你的角色并不起眼，就如同泥土中的细菌，然而如果没有它们，生态缸中的生物将会死亡。因此，社会中再小的角色都有它的重要意义。在课堂中，可以引导学生思考"如果没有泥土中的细菌，整个生态缸会怎么样"或者"如果没有空气，整个生态缸会怎么样"，让学生明白再小的角色都有它的伟大之处	生物科组

（三）加强教师培训

教师是与学生接触的一线工作者，是获得学生第一手信息的人，在教学工作中观察和了解学生，学会识别学生的情绪、认知和行为的变化，能够在早期发现学生的异常情况,并做好相关介入和引导,是化解危机相当关键的策略。尤其是在学生面临一些诸如亲人离世、情感变故、学业受挫、暴力伤害、社交不良和发展迷茫等时,这些都称为危机干预关键点。

培训目标:3年内完成"生命守门人"专题培训,让每位教师成为具有危机识别和干预能力的人,做好学生生命的守门人。

培训内容、形式:

项目	人员	全体教师培训	班主任培训	青年教师培训
心理健康C证培训	时间	每年1次,12个单位课程,8月至11月,深圳市心理健康指导中心实施(继续教育课程)		
	培训内容	(1)青少年心理特点与教育。青少年的心理特点和影响其心理发展的因素。 (2)学生心理问题识别与分析。学生一般心理问题的表现和类别,学生心理健康的判别依据,学生常见问题行为的原因。 (3)心理咨询原理与会话技术。心理咨询的概念、特点、目标和作用,会谈的基本程序和会话的基本技术。 (4)学生学习辅导。学生学习辅导的基本内容,学习动力辅导、学习策略辅导和考试心理辅导的方法。 (5)学生心理健康教育课程设计。心理健康教育课的特点方法和设计原则,熟悉一般内容的课程设计模式。 (6)教学与心育的整合		
危机干预专题培训	时间	每学年两次,心理危机预防专家实施		
	讲座主题	(1)如何进行危机个案的识别。 (2)危机个案的干预和处理		
心理健康B证培训	时间		每3年1次	
	培训内容		(1)发展心理学。 (2)心理卫生。 (3)学习心理辅导。 (4)变态心理学与心理疾病的诊断。 (5)心理咨询原理。 (6)个案辅导与个案设计。 (7)学校团体心理辅导。 (8)心理测评与心理档案。 (9)心理学研究的基本模式与统计分析	

(四)强化亲职教育中的生命教育主题

在中国的家庭中,由于父母自身的原因造成的问题很多:家庭暴力带来的对生命的轻视;长期紧张抑郁的家庭氛围对人的压抑和扭曲;家长自身性格缺陷及对家教知识的匮乏引发的对孩子的负面影响;等等。因此,在亲职教育中,渗透生命教育主题,是构建学校生命教育网络的重要组成部分。

(1)组织家长与孩子一起完成家庭生长作业。以家庭为单位完成作业:主题与生命有关,形式多样,学校组织各层次的交流。如,可共同讨论生命脉络、对死亡的看法、人生的意义、彼此的期望等。活动由班主任组织开展,学生处推广展示。

本年度方式为:

主题:"家庭·时光"。

形式:照片+文字。照片可以选用家庭全家福照片"讲述"家族故事,或者以情景再现的图片对比形式(两者必选其一)讲述。

意义:从岁月的流逝中感受变迁的力量、理解生命的传承与更迭。

(2)组织特殊家庭教育沙龙,为有需要的家庭提供专业支持,系列沙龙包括"如何运用积极倾听技术于亲子沟通""非理性情绪的识别""完形心理之自我觉察""亲子沟通常见障碍以及处理技巧""个案处理技巧",家长参与方式包括自愿报名、班主任推荐参加。

(3)家长心理健康常识专题培训,与家长会同期开展。一年两期,高一、高二各1期。主题为"深圳中学高一(二)学生心理健康状况概述及常见、典型问题的家庭处理方法"。培训由学生辅导中心辅导员负责。

(五)丰富学生活动

活动作为学校开展生命教育的主要载体,其内容的丰富性和开展的广泛性直接影响着教育目标的达成。为了能让学生切身地去认识生命、尊重生命、珍惜生命,从而建立正面的价值观及积极的人生态度,深入地探索和思考生命的意义,学校开展各种以生命教育为主题的活动。

1. 生命教育周

深圳中学将每年的11月21日-25日固定为生命教育周,纳入学校的整个教学安排中,在教育周期间,学校全方位地策划和组织了多项活动,对学生进行连续而集中的教育,具体活动如下:

（1）生命中的美。通过摄影的方式，拍摄出普通人生命的精彩。生活中并不缺少精彩，而是缺少发现精彩的眼睛。如何在平常人的身上发现生命的精彩，发现他们用感动的方式渡过让人困惑、迷茫、失落的阶段，这样的"二次经历"是弥足珍贵的。活动开始于11月21日，11月25日截止，利用一次班会课的时间（拟定11月28日）收集资料后将进行张贴和评选，在学生园地橱窗内进行展览。

（2）深度人物观察。本活动要求学生在自己的周围选择一个人，这个人可以是值得你尊敬的亲友长辈、同学朋友，也可以是你的偶像，请联系他，跟踪、观察他一天的工作与生活，深入了解他的经历。通过对他的人生经历的深度观察和专业研究，感受和体会人与人、人与社会、人与自然的关系，领悟人生智慧，形成健康、积极进取的生活态度。

（3）保护鸡蛋——学会感恩。有些学生在生活中遇到一点挫折，就想到轻生，用死来逃避一切。出现这种情况，究其原因其实是现在不少学生缺少爱心，缺乏对父母的责任感，不懂得珍惜生命。开展"护蛋"活动，让孩子们当一回父母，体会一下当家长的辛苦，培养他们的责任心，从而引导学生珍惜生命。

（4）心灵午茶——电影放映周。通过来自视觉、听觉的体验，触动学生的心灵，引导学生认识自己生命的独特性、生命的可贵，使学生正确认识生死悲欢，珍爱生命，乐观向上。

（5）漂流卡传递活动。本活动希望通过心意卡在同学之间的传递，让学生能在孤独的时候感受温暖，迷茫的时候点亮希望，沮丧的时候重拾信心，无助的时候获得力量，以此增进不同年级、不同体系同学及师生之间的感情。

（6）读一本书，感受一个生命。每年举行"读一本书，感受一个生命"的读书活动。由学生自己推荐与生命教育相关的书籍，并附上推荐理由、自己的读后感、希望对他人产生的影响及帮助，等等，在全校进行甄选和投票，编辑年度《深圳中学生命教育读本》。每一批新的深中学子都可以感受到深圳中学传承下来的生命教育的文化积淀，并切身投入其中，进行自我学习和自我教育，从而让生命教育成为深中文化的一个重要标志和组成部分。

2. 生涯历奇

生涯历奇构建了一个平台，形成了一种氛围，促使学生思考有关生命、情感、命运的问题。教师可在课程设置及内涵引导上进一步侧重生命教育。

附录⓫
深圳中学2017—2018第一学年宿舍文化计划

——白小琴

一、活动背景

宿舍，是高中生活、学习的重要场所，也是同学传播信息、交流思想、探讨问题、表现自我的地方。同时是培养自我管理、自我教育，提高服务能力的课堂。宿舍俨然已经成为我们学习、生活、娱乐、开展第二课堂的重要窗口。宿舍文化建设一直以来都是学校宿舍建设的重点。深圳中学在2017年的住宿生约1500人，住宿心理健康、住宿文化建设则变得刻不容缓，营造一个"团结奋进、安全文明、和谐温馨、温暖舒适"的宿舍环境，对于促进良好学风的形成，保证学生文明生活、健康成长都有着重要意义。

二、活动意义与目的

1. 活动口号

健康·和谐·分享·成长·记录

2. 活动意义及目的

倡导健康生活，共建和谐宿舍，促进宿舍间的情感交流，维护住宿生心理健康，丰富我校文化生活。

三、主办部门

学生辅导中心、住宿办。

四、活动时间

2017年10月—2018年7月。

五、活动对象

高一、高二、高三住宿生。

1. 主题活动

主题一：宿舍期刊——《筑梦》

主题二：关爱部、舍长支持小组培养计划

主题三：住宿生适应小组活动

主题四：生活老师读书分享小组活动

主题五：睡前FM活动

主题六：宿舍文化节——跳蚤市场

2. 宣传方式

（1）宿舍发放宣传海报。

（2）展开舍长会议，传达消息。

（3）微信文章发布，学校其他期刊、校园宣传渠道。

（4）班会传达相关信息。

主题一：宿舍期刊——《筑梦》

一、宿舍期刊出刊时间

每个月1期。

二、活动地点

高一、高二、高三住宿楼。

三、负责人员

庄社工、周社工、白社工。

四、流程

（1）形成初步策划方案，并获得校领导的支持。

（2）问卷调查，了解学生对于宿舍期刊的需求。

（3）收稿、筛选、排版、印刷、发刊。

（4）问卷评估。

五、细化

1. 期刊内容

·悄悄话。

·求助版。

·相处之道、友谊之花。

- 摄影作品（深圳中学内）。
- 原创版（可连载）。

2. 宿舍期刊出刊时间
- 当月投稿时间为25号前。
- 每月1期月末出刊。
- 报刊分为校园海报和单页，每学期整理为一本合刊。

3. 投稿方式
- 电子或手写。
- 投稿邮箱：756389529@qq.com。
- 在线QQ：756389529。
- 电话：待定。
- 稿箱：待定。

4. 宣传方式
- 宿舍门口大海报（宿刊简介、投放时间、投稿方式、稿子类型、联系方式、奖品等）。
- 舍长会议，传达下去。
- 微信招募。

5. 投稿说明
- 稿件确系本人原创作品。
- 稿件力求简约、真实可信，以300字左右为宜。摄影作品需要配文字，字数100以下。
- 稿件附件，请使用规范的文件格式。规范文件格式包括rar、zip、txt、jpg、gif、png、doc、txt、wps。上传文件大小尽量不要超过4M。
- 请署真实年级、姓名、宿舍和联系方式（刊登需要显示化名的请备注）。

六、评估

每学期评估一次，采取问卷调查的形式。

主题二：关爱部、舍长支持小组培养计划

一、活动时间

10月10日。

二、活动地点

未定。

三、负责人员

庄社工、周社工、白社工。

四、活动次数

每个主题2次，共4次。

五、流程

（1）领导审核。

（2）通知、宣传。

（3）确定时间、地点、培训内容。

（4）展开培训。

（5）总结评估。

六、培训内容

（1）作为关爱部委员或者舍长，我们需要具备的素养和能力。

（2）同学们的哪些表现是需要我们去留意和帮助的。

（3）我们应该如何去帮助他们。

（4）对于有特殊情况的同学，我们该怎么做。

七、评估

见培训结束意见表。

主题三：住宿生适应小组活动

一、活动时间

未定。

二、活动地点

未定。

三、负责人员

庄社工、周社工、白社工。

四、活动形式

小组形式。

五、招募对象

高一人际困惑、集体生活不适的住宿生。

六、招募形式

海报招募、班主任推荐、自荐。

七、招募人数

10人。

八、小组活动次数

5次。

九、小组性质

同质小组。

主题四：生活老师读书分享小组活动

一、活动时间

未定。

二、活动地点

未定。

三、负责人员

庄社工、周社工、白社工。

四、活动形式

小组形式。

五、招募对象

生活老师。

六、招募形式

自荐。

七、招募人数

8人。

八、小组活动次数

4次。

九、小组性质

异质小组。

主题五：睡前FM活动

全神贯注的学习让回到宿舍的我筋疲力尽，而这时晚睡的铃声又准时响起，它是多么的讨厌，像是一道不可违抗的命令……每天晚上回到宿舍除了默背单词，大家都在玩手机，睡前10分钟，成了一种等待……我们都期望一种更讨人喜欢的"响铃"。一声温柔的"同学们，晚安"让多少在题海中奋战的孩子们拥有好梦。睡前FM，有疑问解答，有小故事、散文，还有睡前音乐。这一晚，祝你好梦！

一、活动时间

10月—1月晚睡前10分钟。

二、活动地点

宿舍播音室。

三、负责人员

庄社工、周社工、白社工。

四、活动形式

电台FM模式。

五、活动对象

全体住宿生。

六、活动流程

·形成初步策划方案，并获得校领导同意。

·问卷调查——同学们对睡前FM的意见及内容的选择。

·睡前FM计划书。

·播音内容的确定（文章、音乐、疑问解答）。

·播音员的筛选（从广播站成员里筛选）。

·播音试用期（1个月）。

·播音室的确定。

七、播音内容

· 宿刊——《筑梦》上同学们的疑问解答。

· 音乐点播。

· 电影介绍、点评。

· 故事、文章。

· 宿舍相关讯息。

· 综合以上内容。

八、播音时间

晚睡前10分钟。

九、试用期评估

问卷调查、宿舍访问形式。

主题六：宿舍文化节——跳蚤市场

一、活动主题

跳蚤市场——我淘我乐。

二、活动目的

宿舍是个微型的社会，但是在一栋宿舍楼能认识并有交际的一般是隔壁宿舍。那么，宿舍跳蚤市场一方面可以帮助同学们把自己不需要的物品和别人交换，另一方面提供一个让住宿生彼此联系的机会。这次活动重在提高学生的实践能力，在参与活动的同时提高自身的各方面素质，使之学会理财。

三、活动时间

2018年3月。

四、活动地点

各宿舍门口。

五、负责人员

庄社工、周社工、白社工。

六、活动形式

摊位形式。

七、活动对象

全体住宿生。

八、活动前期筹备

（1）形成初步策划方案，并获得校领导的同意。

（2）请参与者收集物品，包括衣物、运动器材、图书、光盘、电子科技产品等。

（3）召集校园记者进行现场采访和进行后期的报道。

九、活动宣传

（1）在宿舍楼悬挂宣传横幅。

（2）制作海报一张，在校园醒目处张贴。

（3）通过微信里进行宣传。

十、活动规则

（1）本活动本着公平、自愿的原则，由买卖双方商议价格，也可交换。

（2）活动中不可使用扩音器、音响等太吵闹的设备。

（3）各个部门的干事负责维持活动秩序。

十一、工作人员安排

（1）活动指挥：社工、生活老师。

（2）爱心捐物处负责人3名。

（3）现场工作人员，包括摄影：3名；记者：3名。

（4）现场展示介绍的播音员。

（5）结束阶段活动总体情况记录人员。

后记

万物皆有裂痕，那是光进来的地方。（There is a crack in everything, that's how the light gets in.）

——莱昂纳德·科恩

喜欢这句话，是因为我觉得它很贴切地描述了在中小学从事心理健康工作的老师们的职责。十几年来，我和小伙伴们一直努力着，努力成为可以进入到裂缝中的那道光。这道光不能太过强烈和直接，因为那会让脆弱无处遁形，又不能太过柔和与单一，因为那样给予的力量又不足以缓解无助；我们在默默无闻中小心翼翼地填补裂缝。

我所接触到的青少年，是这个城市最优秀的一群孩子，他们都曾经是被众星捧着的月亮，而当进入更高水平的平台时，多数的月亮都成为了星星，而我的工作对象就是那些暂时失去光环，站在角落中，逐渐暗淡的孩子们。有一次在课堂上，我发现了一张写有自杀想法的匿名纸条。从下课发现到联系班主任核查字迹，确定对象，预约评估，联系家长，召开家校联席会议，暂时解除危机，整个过程在12个小时内完成。类似这样的危机个案，近年在逐年攀升，最多时一个学期竟有30余例。有时候我做梦都会梦见学生发来自伤的照片，急切回复后，却杳无音信，无数个夜里我在焦虑中惊醒。这样的个案干预后，还要转介，跟踪，随访，帮助父母链接一切有利于孩子康复的资源，这些孩子的变化过程是缓慢的，也很难发生咨询后变成高考黑马的偶像剧情节。但是让他们接受不完美的自己，带着希望继续生活，如星星般闪烁，是我们一直负重前行的巨大动力。

高压且频繁的咨询、处理险象环生的危机个案已经是现在很多学校心理老师的工作常态。辛苦，不必言说。干预危机过程中的无措、焦虑、孤立无援、家长的不配合，如此种种都在透支老师们的能量，唯恐自己稍有不慎，哪怕说错一句话也可能牵涉一条鲜活生命的陨落，这种担心是压在老师们心口的一块巨石。面对危机学生，要怎么做、该做什么、如何整合资源争取支持、如何与危机个案家庭加强合作等问题，是我和伙伴们在实践中一直思考的。今天我和新红老师把这些问题的答案进行梳理、总结、呈现，只是为了提供一种解决的可能性。同样，如果这种可能性，也能够成为一道光，照亮有需要的同行者，从而惠及更多的青少年，这会是我们最大的荣幸。

感谢华南师范大学郑希付教授选择信任我们，让我们承办了第一届全国青少年生命教育论坛，为这本书的写作提供了契机。

书稿历时一年多，写写停停，不时地回想起相伴走过的那些青少年，很是挂念，但唯有祝好，希望他们最终成长为能够欣赏自己，又重新焕发光彩的生命个体。感谢他们让我也接受了生活的现实与残酷，丰富了我对生命意义的理解。

序言中新红提及的各位督导老师，感谢他们用专业力量和智慧支撑着我们一路走来，并一直走下去。

感谢康宁医院的胡赤怡副院长、卢建平主任，哈佛大学附属波士顿儿童医院精神医学青少年项目组，当我提出学校危机干预工作面临专业支持不足的困境时，基于守护生命的共识，他们与我一起积极构建学校-家庭-社区三方合作模式，以项目合作的方式，为有需要的青少年建立快速转介渠道，为心理老师提供了更为专业系统的培训和督导。专业资源的介入，进一步巩固校园心理危机的防线。

最后，感谢自己和新红，相互扶持，不念过往，不畏将来！

娄俊颖

2018年6月